Anton Kerschbaumer

Geschichte des deutschen Nationalhospizes Anima in Rom

Anton Kerschbaumer

Geschichte des deutschen Nationalhospizes Anima in Rom

ISBN/EAN: 9783743671867

Hergestellt in Europa, USA, Kanada, Australien, Japan

Cover: Foto ©ninafisch / pixelio.de

Weitere Bücher finden Sie auf **www.hansebooks.com**

Geschichte

des deutschen Nationalhospizes

Anima

in

Rom.

Aus authentischen, bisher unbenützten Quellen

bearbeitet von

Anton Kerschbaumer,

geheimer päpstl. Kämmerer, Ehrencanonicus, Doctor und Professor
der Theologie zu St. Pölten.

Wien, 1868.

Wilhelm Braumüller
k. k. Hof- und Universitätsbuchhändler.

Vorwort.

Das deutsche Nationalhospiz zu Rom, bekannt unter dem Namen Anima, bildete durch fünfthalbhundert Jahre den Mittelpunkt der Deutschen zu Rom. Von dem Jahre seiner Gründung bis zur Stunde hat dasselbe verschiedene Phasen durchlaufen; denn die Geschicke Deutschlands haben auf seine Entwicklung merkbaren Einfluß genommen — es hat die Leiden und Freuden des deutschen Vaterlandes im electrischen Pulse mitempfunden.

Eine Geschichte der Anima lag daher schon lange in den stillen Wünschen deutscher Patrioten.

Während meines Aufenthaltes in Rom — und wohl auch darnach — sammelte ich dazu die nöthigen Materialien, welche ich hier pragmatisch geordnet dem sich dafür interessirenden Lesepublikum vorlege. Daß ich mitunter aus bisher total unbenützten und authentischen Quellen schöpfte, wird Fachkennern nicht entgehen.

Möge der Zweck dieses Buches, nämlich auf die Wichtigkeit dieser Anstalt für die katholische Kirche Deutschlands aufmerksam zu machen, erreicht werden. Der selige

Rector Flir betrachtete die Veröffentlichung der Geschichte der Anima als ein Stück seines Lebens (Briefe aus Rom. S. 121). Wie ich dazu gekommen, Flir's Gedanken auszuführen, wird das Buch selbst erweisen. Fast wäre es mir bei der Arbeit wie Flir ergangen — das Studium wurde zur Leidenschaft, welche die Gesundheit angriff. Gott sei Dank, daß das Buch, welches zugleich das Andenken des unvergeßlichen Flir verherrlichen soll, beendet ist. Ohne seine Vorarbeiten wäre es kaum zu Stande gekommen.

> — vale! Si quid novisti rectius istis,
> Candidus imperti: si non, his utere mecum.
> (Horatii Epist. Lib. I. ep. 6.)

Der Verfasser.

Erster Abschnitt.

Gründung der Anima.

Deutschland und Rom.

Das römisch-deutsche Kaiserreich hing seit Karl dem Großen auf das innigste mit der katholischen Kirche und deren sichtbarem Oberhaupte — dem römischen Papste — zusammen. Beide bedurften einander, so sehr sie sich mitunter bekämpften. Der Papst vermittelte dem germanischen Heidenthum den Segen der christlichen Civilisation und schirmte den deutschen Kaiser, der zugleich römischer König war, bei Gewinnung und Erhaltung seiner bevorzugten Machtstellung. Der römisch-deutsche Kaiser dagegen ließ sich in Rom krönen, wodurch die geistige Ehe zwischen dem Papstthum und dem Kaiserthum ihren symbolischen Ausdruck fand. — Als Vogt der römischen Kirche ehrte der gekrönte Kaiser nicht nur des Papstthums innere Würde, sondern beschützte auch mit kräftiger Hand dessen weltliches Besitzthum. Oft riefen die Päpste den römisch-deutschen Kaiser über die Alpen zu Hilfe; noch öfter aber appellirten die Herrscher des Abendlandes an die entscheidende Stimme des heiligen Stuhles. Ueberboten sich etwa die Päpste in der praktischen Durchführung der wohlberechtigten kirchlichen Freiheit, so reagirte der deutsche Kaiser nicht minder als der Papst, wenn allenfalls jener nach schrankenloser Ausdehnung seiner Gewalt strebte [1]).

So wurde der Felsen Petri immer mehr zum Mittelpunkt des mittelalterlichen Culturlebens. Glaube, Sittengesetz, religiöse Ordnung und Bildung, ja selbst die Sprache drangen strahlenförmig von Rom aus, und umschlossen alle christlichen Nationen — vor allen die deutsche — mit einem wahrhaft kunstreichen Organismus. Hinwiederum zog es die christlichen Völker magnetisch nach Rom, um am Grabe der Apostelfürsten zu beten, und zwar selbst zu Zeiten, wo etliche Nachfolger des h. Petrus kaum jene Verehrung verdienten, die sie forderten und empfingen. So wenig jedoch die deutschen Päpste in der ewigen Weltstadt Glück hatten [2]), so sehr fühlte sich der deutsche Kosmopolit zu Rom heimisch. Wie Viele brachten aus Rom römisches Wesen mit in die Heimat; wie Viele blieben daselbst — in echt deutscher Weise — zurück, die eigene Cultur mit den fremden Formen amalgamirend. Diese gegenseitige geistige Durchdringung der politisch kirchlichen Interessen knüpfte das geheimnißvolle — fast möchte man sagen clericale Band zwischen Rom und Deutschland im Mittelalter. Mit dem Zerreißen dieses Bandes zerfiel auch Deutschland.

---

[1]) Giesebrecht, Geschichte der deutschen Kaiserzeit. I. Bd.
[2]) Höfler, Deutsche Päpste. II. 29 ff.

Die Romfahrten der Deutschen.

Nicht nur von den deutschen Kaisern wurden Romfahrten unternommen, sondern auch von den deutschen Bischöfen, Priestern, Adeligen und Bürgern. In die liebe Heimat zurückgekehrt, erzählten sie von den herrlichen Festen, von den großen Heiligthümern, und von Allem, was sie dort gesehen und gehört, ihren Bekannten und Freunden, wodurch das Verlangen nach einer Romfahrt in Anderen entzündet wurde, was bei der Wanderlust der Deutschen eben nicht viel Schwierigkeiten unterlag [1]. Viele pilgerten freiwillig dahin, Vielen wurde die Reise nach Rom als Buße auferlegt oder sie legten sich selbst dieselbe auf. Wieder Andere zogen nach den italienischen Universitäten Bologna, Pavia, Perugia, wo sie mit vornehmen Römern bekannt wurden, denen sie später in die Hauptstadt der Christenheit nachfolgten, um sie nicht mehr zu verlassen. Wie viele Deutsche standen als Soldaten und Beamte in päpstlichen Diensten! Die Zahl der Letzteren ist wirklich auffallend, wie sich in den folgenden Blättern noch zeigen wird. Nicht ohne Einfluß auf den stärkeren Verkehr zwischen Deutschland und Rom waren die in Deutschland (zu Constanz und Basel) abgehaltenen Kirchenversammlungen, und die Papstwahl Pius II. und Hadrian VI., welche mit Deutschland in vielseitiger Verbindung standen. Selbst der reformatorische Geist, welcher der lutherischen Reformation vorausging, trieb so Manchen in der besten Absicht nach

---

[1] Marx, Das Wallfahrten. S. 65.

Rom, um an Ort und Stelle Wahrheit und Dichtung zu sondern. Denken wir nun noch das enggezogene Netz der päpstlichen Confirmationen, Nominationen, Dispensen, Appellationen, Reservationen, Absolutionen u. s. w., und wir werden begreifen, daß die Zahl der Deutschen, die im Mittelalter nach Rom pilgerte, eher zu= als abnahm. Allerdings brachte die große Mehrzahl der Romfahrer reichliches Geld dahin; aber viele der deutschen Pilger litten auch den empfindlichsten Mangel, wenn sie ermüdet und entkräftet an das ersehnte Ziel ihrer Wallfahrt gelangten.

Bedürfniß eines deutschen Hospizes in Rom.

War die Zahl der nach der ewigen Weltstadt pilgernden Deutschen im Mittelalter in der Regel bedeutend, so wuchs dieselbe zu vielen Tausenden an, wenn ein Jubiläum bevorstand. Wir besitzen den Bericht eines Augenzeugen, worin er von dem großen Zudrang der Pilger zu dem Jubiläum im Jahre 1350, und von dem glühenden Andachtseifer der nach der Schwelle St. Peters Wallfahrenden, aber auch von den vielen Entbehrungen derselben erzählt. Es ist der Florentiner Matteo Villani, der in seiner Chronik schreibt:

„Der Zulauf von Pilgern jeden Standes war um so erstaunlicher, als kurz vorher die große Sterblichkeit gewesen, und in manchen Ländern noch wüthete. Andacht und Entsagung zeigten sich so groß, daß sie mit äußerster Geduld die Unbilden der Witterung ertrugen. Es war ungewöhnlich kalt; Regengüsse wechselten mit Schnee und Eis, die Wege waren zerstört und im übelsten Zustande. Bei Tag waren die Straßen voll, bei Nacht die Wirthshäuser; sie reichten nicht hin Leute und Pferde zu fassen. Die Deutschen und die Ungarn, welche in ganzen Schaaren zogen, brachten die Nächte auf dem Felde zu, der Kälte wegen aneinandergedrängt und um große Feuer gelagert. Die Wirthe konnten allen Nachfragen nicht genügen, noch Brod und Wein und Pferdefutter geben, noch auch selbst das Geld in Empfang nehmen. Und es geschah oft, daß die Pilger, wenn sie weiter gehen wollten, die Zahlung ihrer Zeche auf dem Tische liegen ließen, wo Niemand sie berührte ohne des Wirthes Erlaubniß. Unterwegs entstand nicht Lärm noch Unordnung. Jeder half und unterstützte den Andern mit Geduld und Tröstung. Und da im römischen Gebiete einige Wegelagerer zu rauben und zu morden begannen, wurden sie von den Pilgern selbst eingefangen und getödtet. Die Bewohner des Landes ließen die Straßen bewachen, und so waren das ganze Jahr hindurch die Wege ziemlich sicher. Die Zahl der Pilgrime genau anzugeben ist unmöglich; nach Ueberschlägen aber von solchen, die in der Stadt wohnten, zählte man um Weihnachten und in der Fasten bis zur Osterzeit anhaltend bis gegen 1,200.000. Und dann um Christi Himmelfahrt und das Pfingstfest bis 800.000. Als indeß der Sommer kam, minderte sich die Menge der entsetzlichen Hitze und der Arbeiten der Ernte wegen. Doch belief sich noch immer die geringste Zahl der Pilger auf 200.000. Die Straßen waren anhaltend so voll, daß jeder Einzelne, zu Fuß oder zu Roß, langsam dem Zuge folgen mußte. Jeden Tag ließen die Pilger in jeglicher Kirche milde Gaben, der eine wenig, der andere viel, je nach ihrem Gutdünken. Das Gedränge war unbeschreiblich. Immer fand man bald zwei, bald vier, bald zwölf sogar erdrückt und niedergetreten.... Gegen Ende des Jahres war beinahe derselbe Zulauf, wie zu Anfang. Es kamen um diese Zeit von jenseits der Berge und aus Italien eine Menge von Herren und vornehmen Frauen herbei, und die Zeit des Kirchenbesuches wurde abgekürzt bis zum letzten Tage.... Die Römer waren insgesammt Gastwirthe worden und vermietheten den Pilgern ihre Häuser. Für ein Pferd nahmen sie einen Tornese, und nach Umständen anderthalb bis zwei. Die Pilgrime mußten übrigens für ihren und der Thiere Unterhalt sorgen, denn sie erhielten nur ein schlechtes Bett. Während Ueberfluß hätte sein können an Allem, richteten, aus schnöder Gier nach unmäßigem Gewinn, die Römer es so ein, daß immer Mangel war an Brod, Wein und Fleisch. Denn um ihre eigenen Vorräthe zu verkaufen, erlaubten sie keinem Handelsmann, fremdes Getreide und Wein auf den Markt zu bringen. — So blieben denn die Preise stets sehr hoch und dabei war immer Mangel" [1]).

Daß unter solchen Umständen ein Pilgerhaus für die armen Deutschen im fremden Lande ein schreiendes Bedürfniß war, braucht wohl nicht eigens betont zu werden.

---

[1]) Vgl. Historisch politische Blätter. Band XI. S. 73!.

Die ersten Stifter des deutschen Hospizes in Rom.

Unter den nach Rom pilgernden Deutschen befand sich ein gewisser Johann Peters aus Dortrecht in den Niederlanden. Da es ihm in Rom gefiel, nahm er Waffendienste bei Papst Bonifaz IX. und machte sich mit seiner Gattin Katharina zu Rom ansässig. Er scheint ziemlich wohlhabend gewesen zu sein; denn er besaß drei Häuser in Parione [1]). Bei diesem längeren Aufenthalt in Rom hatte er die beste Gelegenheit sich von der Noth und Verlassenheit der ankommenden Pilger aus Deutschland zu überzeugen, und in echt christlicher Nächstenliebe beschloß er diesem Uebelstande nach Kräften abzuhelfen. Schon im Jahre 1386 machte er — vielleicht in Folge einer überstandenen Lebensgefahr — das Gelübde: für die nach Rom pilgernden armen Deutschen ein Hospiz zu stiften, und zwar bestimmte er das mittlere der beiden Häuser zur Kapelle, die anderen zu abgesonderten Herbergen für Männer und Frauen [2]).

Was ein deutscher Laie in so frommer Weise begonnen, wurde durch einen deutschen Priester wesentlich gefördert und sozusagen zum Abschluß gebracht. Dieser edle Mann war Theodorich (Dietrich) von Niem (geb.

---

[1]) „In Parione" heißt der Stadttheil, in welchem sich das Hospiz der Anima noch jetzt befindet.

[2])„Johannes Petri van Dordrecht, serviens armorum tempore .. Bonifacii Papae Noni, primus fundator dicti hospitalis, et Catharina ejus uxor. Qui dederunt tres domos contiguas, de quarum una videlicet media facta fuit ecclesia sive capella dicti hospitalis." (Confraternitätsbuch der Anima, pag. 237.)

zu Niem oder Neheim, im ehemaligen Stifte Paderborn). Auch er lebte längere Zeit zu Rom; denn er versah unter fünf Päpsten (1378—1410) das angesehene und einflußreiche Amt eines „Scriptor et Abbreviator litterarum apostolicarum", d. i. eines Notars oder Secretärs der päpstlichen Kanzlei. Er war ein ebenso gelehrter als thätiger Prälat, und ertheilte bei Begründung des Hospizes die nothwendigen Rathschläge. Seiner Vermittlung verdankte das Hospiz die päpstliche Genehmigung, und er entwarf selbst die ersten Statuten. Nebst den Schenkungen bei Lebzeiten vermachte er noch in seinem Testamente dem Hospiz sieben Häuser, einen Weinberg und anderes Eigenthum, so daß er füglich als **Mitbegründer des Hospizes** betrachtet werden kann [1]). Von seinen weiteren Lebensschicksalen möge hier noch angeführt werden, daß er 1395 vom Papste Bonifaz IX. zum Bischof zu Verden im Lüneburgischen ernannt wurde, welche Stelle er aber 1399 (wegen Uneinigkeit mit dem Capitel) resignirte [2]). Er kehrte wieder an den päpstlichen Hof zurück, und begab sich im Jahre 1414 mit Papst Johann XXIII. zum Concil nach Constanz, wo er noch während des Concils starb (1417). Sein Leichnam wurde nach Mastricht in die Kirche des h. Gervasius gebracht, wo er Chorherr war. Er gehörte zu den Reformfreunden

---

[1]) Im Confraternitätsbuch der Anima pag. 185 heißt es: „Dominus Theodoricus de Nyem, ... qui fuit unus de primis fundatoribus dicti hospitalis, donavit ac legavit eidem hospitali VII domos et unam vineam et multa alia bona."

[2]) Ebeling, die deutschen Bischöfe bis zum Ende des 16. Jahrhunderts. II. 506.

des 15. Jahrhunderts, und schrieb mit scharfer Feder einige kirchenhistorische Werke, z. B. de necessitate reformationis ecclesiasticae in capite et membris ¹).

Vorläufig ist hier zu constatiren, daß die Stifter des deutschen Hospizes zu Rom zwei Männer **aus dem römisch-deutschen Reiche** waren, von denen der Laie den Niederlanden (dem jetzigen Belgien), der Geistliche Norddeutschland (dem jetzigen Preußen) angehörte. Der Verlauf der Geschichte wird diese Constatirung rechtfertigen.

Kirchliche Genehmigung des Hospizes.

Es nahte das Jubeljahr 1400, das voraussichtlich viele Deutsche nach Rom zog. Der an den päpstlichen Hof zurückgekehrte Bischof Theodorich von Niem bat den ihm gewogenen Papst **Bonifaz IX.** um Approbation des projectirten Hospizes für die nach Rom pilgernden armen Deutschen, welche auch im Jahre 1399 ertheilt wurde, so daß dieses Jahre als eigentliches **Gründungsjahr** anzusehen ist. In der darüber erlassenen Bulle ddo. 9. November 1399 billigte der Papst nicht nur das fromme Unternehmen, sondern verlieh zur Unterstützung desselben eigene Ablässe. In der Bulle heißt es:

---

¹) Vgl. Hefele im Freiburger Kirchen-Lexicon III. 144. Der sel. Flir sammelte fleißig in den Bibliotheken Roms zum Behufe einer Biographie dieses ihn sehr interessirenden Mannes. (Vgl. Flir's Briefe aus Rom. S. 81). Wohin wohl jene Manuscripte gekommen sein mögen? Ich habe nie etwas davon gehört.

"Bonifacius . . . Cum itaque, sicut accepimus, dilectus filius Joannes Petri de Dordrecht laicus noster serviens armorum, et dilecta in Christo filia Cathrina ejus uxor Trajectens. dioecesis, Cupientes terrena in coelestia et transitoria in aeterna felici commercio de bonis ejus a Deo collatis certas solemnes et discopertas domos sitas in regione Parionis almae Vrbis cum suis hortalitiis et pertinentiis emerunt, easque ad usum pauperum Christi et aliarum miserabilium personarum pro suarum ac benefactorum ad harum animarum salutem deputaverunt, et quoddam solemne hospitale hujusmodi personarum nationis Almanorum ad honorem et sub vocabulo beatae Mariae animarum construere coeperunt, illudque cum Dei auxilio dictorumque fidelium perficere proponant cum oratorio, domibus separatis virorum et mulierum dictae nationis, et pannis sericis, paramentis, libris, calicibus, lectisterniis, lectis et aliis utensilibus oportunis fulcire proponant: et licet nuper dictarum domorum parietes ex turbine ventorum ruina horribili et valde damnosa pro magna parte ceciderint, non tamen ipsi conjuges destiterunt nec intendunt desistere ab inceptis. Hoc cupientes tam piis operibus hospitalis hujusmodi apostolica adesse praesidia, quibus ad laudem et gloriam dictae beatae virginis debitum consequantur effectum, de omnipotentis Dei misericordia et beatorum Petri et Pauli Apostolorum ejus auctoritate confisi, omnibus vere poenitentibus et confessis ad praemissa perficienda et conservanda manus porrigentibus adjutrices, septem annos et totidem quadragenas de injunctis eis poenitentiis misericorditer relaxamus. Datum Romae apud S. Petrum, quarto Idus Novembris, pontificatus nostri anno decimum" [1]).

Name und Wappen des Hospizes.

Es lag in der Absicht des ersten Stifters, daß in dem von ihm gegründeten Hospize für seine Seele (anima)

---
[1]) Abschrift der Bulle vom Jahre 1460 im Confraternitäts-buch der Anima.

und für die Seelen aller frommen Wohlthäter des Hospizes von Jenen gebetet werde, welche die Wohlthat der Stiftung genießen. Indem er letztere unter den Schutz Mariens — der Fürsprecherin für die armen Seelen im Fegfeuer — stellte, gab er (wohl auf Anrathen Theodorich's von Niems) dem Hospize den Titel: Beatae Mariae Animarum[1]). Später kürzte man den Titel ab, indem man „de Anima" schrieb, woraus sich das Italienische „dell' Anima" bildete. — Der in einigen späteren Urkunden vorkommende Name „Beatae Mariae Alemanorum" ist wohl nur ein Schreibfehler, oder eine willkürliche Neuerung, die sich nicht behauptete, denn es erhielt sich der ursprüngliche Name Anima bis zur gegenwärtigen Stunde.

Dieser Gedanke findet sich auch bildlich in dem seit 1569 eingeführten Siegelwappen des Hospizes ausgeprägt. Das Wappen der Anima enthält nämlich auf der Brust des deutschen Reichsadlers Maria, die heilige Jungfrau, sitzend zwischen zwei geflügelten nackten Gestalten, welche die Seelen im Fegfeuer vorstellen sollen, die sich flehend an Maria wenden als die Fürsprecherin und Befreierin der armen Seelen im Fegfeuer"[2]). Der Doppeladler des heiligen römischen Reiches, der um die Madonna seine Fittige breitet, symbolisirt die Protection des deutschen Kaisers über das deutsche Nationalhospiz[3]). (Siehe das Titelblatt.)

---

[1]) Vgl. die Stiftungsbulle.
[2]) Wittmer und Molitor, Rom. S. 177.
[3]) Die heraldische Ornamentik des Wappenschildes läßt die Renaissance erkennen. (Vgl. Ritter von Mayer, Heraldik. S. 289).

Päpstliche Begünstigungen des Hospizes.

Außer der oben erwähnten Ablaßbulle erhielt das neugegründete Hospiz noch andere päpstliche Gnadenbezeugungen. Die vorzüglichste war wohl die, daß Innocenz VII. das deutsche Nationalhospiz de Anima unter päpstlichen Schutz, und zwar unmittelbar unter den jeweiligen geistlichen Vicar des Papstes stellte. In der darüber ausgestellten Bulle ddo. 20. Mai 1406 heißt es: „Hospitale praedictum cum omnibus membris et juribus nec non pertinentiis suis ab omni jurisdictione et potestate cujuscunque auctoritate apostolica eximimus, et sub speciali tutela Sedis Apostolicae recipimus." — Eine spätere Bulle vom 6. Juli 1406 bestätigte sowohl die Stiftung als den übernommenen Schutz, und gab den Zweck des deutschen Nationalhospizes noch genauer an. Es heißt nämlich darin, daß jüngst einige fromme Personen „de partibus Alemaniae" dieses Hospiz mit einer Kapelle canonisch errichteten und dotirten „pro colligendis et recreandis et reficiendis pauperibus et peregrinis" [1]).

In einer dritten Bulle verlieh Innocenz VII. dem Hospize und der Kirche das pfarrliche Recht freier Begräbniß und eines eigenen Friedhofes (coemeterium);

---

[1]) Nach Flir's geschichtlicher Abhandlung über die Kirche und das Hospiz der Anima, welche er zum Behufe der Reorganisation des Hospizes zu Rom verfaßte, und von welcher vier Exemplare existiren. Da ich zwei Exemplare einzusehen in der Lage war, so werde ich gewissenhaft citiren, wo ich sie benützte. Dieses Manuscript ist jedoch nur ein Auszug aus dem großen Notatenvorrath,

denn die Deutschen legten einen großen Werth darauf bei der Kirche B. Mariae de Anima, in der so viel für die armen Seelen gebetet wurde, begraben zu werden[1]). Eugen IV. ertheilte überdies noch das Recht die heil. Sacramente zu spenden[2]). — In späterer Zeit erwiesen sich die Päpste Julius II. und Leo X. dem Hospize gewogen. Letzterer bewilligte Geldsammlungen in Deutschland für den Bau des Hospizes und verlieh allen Beitragenden einen Ablaß von zehn Jahren und ebensoviel Quadragenen[3]). Ein besonderer Gönner des Hospizes war der deutsche Papst Hadrian VI., welcher auch in der Kirche des Hospizes seine Ruhestätte fand.

In dem Confraternitätsbuche der Anima finden sich noch folgende kleine Notizen über einige dem Hospiz wohlwollend gesinnte Päpste. Bei Pius V. ist angemerkt: „fautor in variis." Gregor XIII. erhob den Altar der heil. Barbara zu einem privilegirten „in favorem et auxilium Animarum fidelium," und spendete für das Fest Mariä Geburt einen Ablaß von zehn Jahren Allen, welche die deutsche Marien-Kirche zu Rom besuchen. Sixtus V. und Paul V. besuchten das Hospiz. Letzterer celebrirte nach dem Siege der Deutschen am weißen Berge bei Prag in der Kirche der Anima am

---

den Flir für eine Geschichte der Anima verwerthen wollte. Er kam nicht mehr dazu. Wo die Notaten sind, weiß ich nicht anzugeben; ich habe sie nie gesehen, was ich hier ausdrücklich bemerke.

[1]) Ueber die Grabmonumente in der Anima siehe unten.

[2]) Bulle ddo. 8. December 1444, in alter Abschrift vorhanden (Archiv der Anima).

[3]) Bulle, ohne Datum, in späterer Abschrift (Archiv b. Anima).

4. December 1620¹). Die freundliche Gesinnung Pius IX. für das Hospiz wird im Laufe des Buches sich glänzend herausstellen.

Bildung der deutschen Confraternität.

Die so segensvoll begonnene Stiftung fand unter den Deutschen lebhaften Anklang. Dem Beispiele der edlen Begründer folgten viele in Rom weilende oder nach Rom pilgernde Deutsche, und mehrten die Zahl der Wohlthäter und damit die Einkünfte des Hospizes²). So bildete sich — wahrscheinlich gleich vom Beginne an — eine Bruderschaft, die sich den Namen beilegte: Confraternitas B. Mariae de Anima, und deren Mitglied man durch Erlegung einer gewissen Summe zum Besten des Hospizes wurde. Wie aus dem Bruderschaftsbuche erhellt, gehörten die ersten Mitglieder den verschiedensten Theilen Deutschlands an. Es waren darunter sogar Elsässer, Lothringer, Niederländer, Kurländer, Liefländer, Esthländer zc. Dem Stande nach finden sich darunter größtentheils Höhergestellte, wie Cardinäle und Bischöfe, Fürsten und Grafen, aber auch einfache Handwerker. Eine statistische Zusammenstellung der Bruderschafts-Mitglieder folgt in dem zweiten Abschnitt dieses Buches.

Wie jede Bruderschaft hatte auch diese ihre eigenen Statuten. Die älteste Abschrift derselben datirt vom

---

¹) Obige Notizen aus dem Confraternitätsbuch, pag. 3.

²) Im Confraternitätsbuche der Anima findet sich ein Epitaphium auf die Stifter in neun Distichen; eines lautet:
„Rivulus ante fuit, quem vos duxistis, at illum
Auxerunt simili post pietate viri."

Jahre 1460, enthält jedoch die Worte: „Statutum et ordinatum est per fundatores et confratres istius hospitii etc." ¹). — Die ersten drei Artikel dieser Statuten beziehen sich auf Gebete, welche die Mitglieder zu verrichten hatten (Laien — täglich ein Salve Regina und de profundis. Geistliche — ein Memento bei jeder Messe für die verstorbenen Wohlthäter des Hospizes). Ein weiterer Artikel bestimmt, was die Mitglieder — sowohl Brüder als Schwestern — beim Einschreiben in die Bruderschaft zu entrichten haben; gewöhnlich eine Goldmünze, wie aus der stereotypen Formel im Bruderschaftsbuche hervorgeht: „me ascripsi, et pro more aureum coronatum in auro solvi" ²). — Die in Rom weilenden Mitglieder erlegten auch an den Quatembertagen kleine Beiträge, wofür sie am Lichtmeßtage eine geweihte Kerze erhielten ³). — Nach Artikel 7 sind alle Personen männlichen und weiblichen Geschlechtes, die aus Deutschland als Pilger nach Rom kommen und um die Aufnahme ins Hospiz ansuchen, wenigstens drei Tage und Nächte zu beherbergen. — An der Spitze der Bruderschaft resp. des Hospizes stand ein Rector mit zwei oder drei Provisoren. — Nach Artikel 11 versammelten sich die Mitglieder zu gewissen Zeiten in einer Congregation, in

---

¹) Confraternitätsbuch der Anima, pag. 1.
²) Ueber den Goldgulden vgl. Döllinger's Vorrede zum II. Bande der Beiträge zur politischen und kirchlichen Culturgeschichte der sechs letzten Jahrhunderte. S. X.
³) Diese Sitte hat sich bis auf den heutigen Tag erhalten, indem an alle Deutschen, welche am Lichtmeßtage die Kirche der Anima besuchen, geweihte Kerzen vertheilt werden.

welcher die Provisoren Rechnung legten, wichtige Angelegenheiten, die das Hospiz betrafen, wie z. B. Bausachen besprachen, und neue Provisoren auf Jahresfrist wählten. Einer der Provisoren verblieb stets wegen Geschäftskenntniß im Amte, die austretenden konnten jedoch wieder gewählt werden [1]).

Das deutsche Nationalhospiz erfreute sich bald eines solchen Ansehens, daß auch andere gleichartige Institute sich freiwillig demselben anschlossen. So hatte z. B. ein deutscher Priester aus Culm Nikolaus Henrici, der Kaplan zu S. Lorenzo in Panisperna war, im Jahre 1413 ein deutsches Hospiz zum h. Andreas für in Rom angesiedelte Arme in dem Stadtviertel Arenula gestiftet; da es jedoch bald verfiel, so wurde es auf Befehl Eugen IV. dem Hospiz der Anima (24. August 1431) einverleibt [2]). — Die in Rom bestehende deutsche Schusterbruderschaft S. Crispini et Crispiniani trat im Jahre 1535 ihre bedeutenden Besitzungen und Rechte an die Anima ab, um gegen Uebervortheilung und Neckereien Schutz zu finden „apud venerabilem Societatem

---

[1]) Aus Flir's Abhandlung. — „Romae degens gessit officium provisoris" heißt es oft im Confraternitätsbuche.

[2]) „Hospitale S. Andreae unitum praedicto hospitali" (Confraternitätsbuch) der Anima, pag. 187). Auf S. 258 des Confraternitätsbuches heißt es: „Praedictum hospitale S. Andreae fundavit bon. mem. Dom. Nicolaus de Culmine de Prussia, capellanus in ecclesia S. Laurentii in Panisperna de urbe, et dictas domos donavit eidem hospitali. Qui obiit Romae anno Domini 1412 die 6. mensis Augusti et sepultus in ecclesia S. Laurentii, et fiat anniversarium ipsius dicta die singulis annis."

etiam Theutonicam tamquam cognatam et opulentam." — Die Mutter der deutschen Tertiarierinen zu Rom, Namens Agatha, überließ 1555 bedingungsweise das Schwesterhaus mit Weingärten dem Hospize [1]).

Die vorzüglichsten Wohlthäter des Hospizes in der ersten Hälfte seines Bestehens.

In dem ersten Jahrhundert seines Bestehens flossen die milden Gaben für das Hospiz sehr reichlich. Schon der Beginn des Hospizes mit einem Jubeljahre war günstig. Nach der jetzigen Landeseintheilung gehörten die ersten Wohlthäter des Hospizes Preußen, Holland, Oesterreich, Belgien, Baiern, Hamburg und den Ostseeprovinzen an. Die Zahl der Wohlthäter stieg mit den Jahren, und sind hier besonders die frommen Legate der in Rom verstorbenen Deutschen zu erwähnen. Man kann mit vollem Rechte behaupten, daß ganz Deutschland [2]) unter den Wohlthätern des Hospizes vertreten war. Wir wollen hier nur die vorzüglichsten Wohlthäter nach den verschiedenen Ländergruppen anführen.

1. Aus dem jetzigen Kaiserthume Oesterreich werden namentlich 10 Wohlthäter angeführt, darunter: Cardinal Melchior von Meckau, Fürstbischof von Brixen (regierte bis 1509), der das Institut zum Universalerben

---

[1]) Flir's, Geschichtliche Abhandlung über die Anima für die S. Visita.

[2]) Nach der damaligen geographischen Eintheilung die Niederlande und ein Theil des jetzigen Frankreichs mit inbegriffen.

seines Vermögens einsetzte; ferner ein Johann Lambacher aus Innsbruck, Handelsagent des Hauses Fugger in Rom, der 4500 Ducaten dem Institute vermachte († 1615 in Spanien).

2. Aus dem jetzigen Preußen werden 3 Wohlthäter namentlich angegeben. Das Churhaus Brandenburg hatte eine eigene, mit Fresken von Salviati gezierte Kapelle in der Kirche.

3. Aus Baiern 5. Die Grafen Fugger hatten gleichfalls ihre eigene Kapelle, welche sie mit einem herrlichen Madonnenbilde von Giulio Romano schmückten, welches noch gegenwärtig das Hochaltarbild in der Kirche der Anima bildet (vgl. unten S. 24).

4. Auch die kleineren deutschen Staaten steuerten nach Kräften bei. So werden aus Hannover 3, aus den jetzigen sächsischen Landen 2, aus dem Großherzogthume Hessen 3, aus dem Churfürstenthum Hessen 1, aus dem Großherzogthum Baden 1, aus Lübeck 1 Wohlthäter namentlich aufgeführt [1]).

5. Aus Holland ragen besonders zwei großmüthige Wohlthäter hervor, nämlich: Cardinal Wilhelm Enckenvoirt († 1534), welcher 200 Ducaten und viertehalb Häuser dem Hospiz schenkte; dann Hubertus Fabri († 1683), apostolischer Protonotar, Procurator und Exactor (Cassir?), der das Institut zum Universalerben einsetzte, mit der Bedingung, daß ein Theil der abfallenden Interessen jährlich zu Geschenken (doti)

---

[1]) In Mainz wurde alljährlich eine Sammlung für das Hospiz gehalten.

von je 30 Scudi an arme Mädchen zu verwenden sei, vorzugsweise für solche, die aus Mastricht, Tongern und Flandern abstammen ¹).

6. Belgien zählt 11 Wohlthäter, worunter der berühmte Cantor der päpstlichen Kapelle Christian Ameyden, zugleich einer der eifrigsten Provisoren des Hospizes († 1605); er hinterließ demselben 1000 Scudi als Stiftung in Staatspapieren. Eine ähnliche Stiftung für arme Mädchen (aus Lüttich und in deren Ermangelung aus Deutschland überhaupt) von jährlichen 25 Scudi errichtete Gisbert Natalis († 1679), der 5000 Scudi in Papieren dem Institute hinterließ.

7. Auch aus der einstigen deutschen (jetzt zu Frankreich gehörigen) Stadt Metz ist ein Wohlthäter anzuführen.

Andere Nationen betheiligten sich nicht an der Unterstützung des Hospizes. Eine Ausnahme macht nur Papst Pius III., der im Jahre 1503 dem Institute 100 Ducaten legirte, und außerdem 300 Bücher und seinen Kelch schenkte, den er täglich gebrauchte ²). Auch der Beichtvater des Papstes Sixtus IV. wird im Con-

---

¹) Diese Vertheilung von „doti" d. i. Ausstattungsbeiträgen für brave aus Deutschland stammende Mädchen, die in Rom leben, findet alljährlich zwei Mal in der Kirche der Anima statt. Die weißgekleideten Mädchen wohnen der h. Messe bei, communiciren bei derselben, und erhalten dann die „dos", die ihnen verzinslich angelegt wird, bis sie heiraten oder ins Kloster treten.

²) „Pius papa tertius antea vocatus Franciscus Picholominus, obiit 18. Oct. 1503, legavit in suo testamento hospitio nostro 300 volumina politicorum Aristotelis optima litera im-

fraternitätsbuch als ein besonderer Gönner des Hospizes angeführt [1]).

Neubau des Hospizes, dessen Organisirung und Vermögensstand.

Die bei Begründung des Hospizes zur Beherbergung der deutschen Pilger bestimmten zwei Häuser erwiesen sich bald als zu klein, und es wurde daher um das Jahr 1500 der Umbau des an die Kirche anstoßenden Hospizes begonnen. Alljährlich wurden 3000—5000 Pilger aufgenommen und verpflegt, in Jubeljahren auch 10—20.000, so daß Hilfswohnungen gemiethet werden mußten. Ein Decret des Gobernatore von Rom ddo. 15. September 1522 verpflichtete das Hospiz auch zur Aufnahme oder Versorgung aller armen Kranken deutscher Nation. — Bis zum Jahre 1584 nahm der Koch des Institutes die Pilger auf und beaufsichtigte sie. In jenem Jahre wurde das Amt des „Pater pauperum" einem Kaplan übertragen, der den Pilgern zugleich Religionsunterricht ertheilen, sie zur Frühmesse führen und auf die h. Beicht vorbereiten mußte. Jeder Pilger empfing nach Vorweisung des Beichtscheines ein Pilgerzeugniß mit dem Wappenbilde des Hospizes. Seit 1585

---
pressa, et ducatos auri in auro de camera centum, et unum calicem, cum patena capellae suae, cujus anniversarium merito debet celebrari dicto die." (Confraternitätsbuch, pag. 199).

[1]) Confraternitätsbuch der Anima, pag. 15. „Johannes, episc. et princeps PP. Sixti IV. confessor et Referendarius, hospitalis nostri fidelissimus promotor et fautor. 1494. 6. Maji in libro hoc inscriptus."

wurde auch ein Pilgerbuch eingeführt. In der Sitzung der Congregation vom 12. Juli 1585 wurde der Antrag gestellt, daß in das Hospiz wenigstens vier deutsche Jünglinge aufgenommen werden sollten, damit sie den Dienst in der Kirche versehen und nebenbei den Studien obliegen könnten. Aber der schöne Antrag kam nicht zur Verwirklichung [1]).

Die Auslagen für das Hospiz waren unstreitig groß, doch nicht so groß als die außerordentlichen Auslagen für andere Zwecke. So nöthigte schon der Neubau zu einem Anlehen. Die zahlreichen Feierlichkeiten, welche „nomine nationis Theutonicae" bei allerlei Veranlassungen, wie z. B. bei Geburt eines kaiserlichen Prinzen, bei Kaiserwahlen, bei Sterbfällen oder Vermählungen eines Kaisers 2c. im deutschen Nationalhospiz prunkvoll begangen wurden [2]), steigerten die Auslagen in kaum erschwinglicher Weise. — Dazu gesellten sich noch andere Verluste. Die Anwesenheit der spanischen Truppen unter Karl V. (1527 — 1528) wurde bitter empfunden; die Tiber trat im Jahre 1598 aus ihren Ufern und beschädigte die Kirche und viele Häuser 2c. So gerieth das Hospiz dergestalt in Schulden, daß die Einkünfte mit Sequester belegt, und die Thore des Hospizes bis zur Regulirung des Haushaltes geschlossen wurden. — Indeß erholte sich dasselbe bald wieder von den harten

---

[1]) Notizen — aus dem Archiv der Anima gesammelt — von Flir.
[2]) Die Exequien für Kaiser Josef I. im Jahre 1712 kosteten z. B. 6385 Scudi.

Schicksalsschlägen. Während es 1484 bereits 22 Häuser mit einem jährlichen Pachtertrag von 60 Ducaten besaß, hatte es im Jahre 1545 schon 28 Häuser und 2000 Scudi Einkünfte; im Jahre 1725 besaß es 47 (?) Häuser, und 7522 Scudi Einkünfte. Die Ausgaben standen jedoch stets mit den Einkünften so ziemlich im Gleichgewicht [1]).

Die Kirche des deutschen Nationalhospizes.

Die Errichtung einer Kapelle neben dem deutschen Hospize lag in der ursprünglichen Intention der Gründer desselben. Johann Peters aus Dortrecht hatte (wie oben erwähnt wurde) das mittlere seiner Häuser zur Kapelle bestimmt, und Dietrich von Niem leitete selbst den Bau derselben, welcher schon 1431—33 erweitert werden mußte. Als jedoch nach der Vergrößerung des Hospizes auch die Kapelle zu klein erschien, wurde von der Confraternität am 24. September 1499 der Neubau der Kirche zur Ehre Gottes und der Gottesmutter Maria und „ad honorem nostrae nationis Germanicae" beschlossen. Am 11. April 1500 legte der kaiserliche Gesandte Mathäus Lang, später Bischof von Gurk und Cardinal-Erzbischof von Salzburg, den Grundstein, und am 23. November 1511 wurde die Kirche eingeweiht, obwohl der äußere Bau noch bis 1519 fortgesetzt wurde [2]). — Wie die Inschrift an der Façade beurkun=

---

[1]) Nach der von Flir mit Benützung des Archives der Anima verfaßten geschichtlichen Abhandlung zum Behufe der S. Visita.

[2]) Dieser Tag wird noch jetzt als „dies dedicationis ecclesiae" gefeiert. Ueber den Bau der Kirche heißt es im Confrater=

det, kam der Bau vermittelst Beiträge aus deutschen Ländern zusammen. An dem Gewölbe im Innern sieht man noch die Wappen der deutschen Churfürstenthümer. Die Façade, welche im Style Bramante's erbaut ist, wird dem Sangallo zugeschrieben. Das Portale des mittleren Einganges erhebt sich auf zwei Säulen von Porta Santa. Im Giebelfelde darüber sieht man das Wappenbild der Anima. Das Innere wird durch sechs schlanke Pfeiler in drei Schiffe getheilt. In der ersten Kapelle rechts vom Eingange befindet sich das Altarbild des h. Benno von Meissen von Saraceno; die dritte Kapelle hat Fresken von Sermoneta; die vierte eine Imitation der Pietà Michel Angelo's von Nanni di Baccio Bigio. In der ersten Kapelle vom Eingange links sieht man ein gutes Bild von C. Saraceno, das Martyrium des h. Lambert vorstellend; in der dritten Fresken von Michael Coxis; in der vierten Fresken von Salviati [1]).

— Die jetzige große Sacristei, in welcher die Congregation ihre Sitzungen zu halten pflegte, wurde erst später 1634—1644 erbaut. — Einzelne Familien bauten sich in der Kirche eigene Kapellen (Tribunen?), wie z. B. das Churhaus Brandenburg, die Fugger's, von denen auch, wie schon oben erwähnt, das schöne Marienbild mit dem Kinde auf dem Throne stammt, das jetzt noch den Hochaltar der Kirche ziert und für eines der vor-

---

nitätsbuch pag. 237: „Tempore Martini Papae Quinti et Eugenii Papae fuit ampliata dicta capella sive ecclesia praedicti hospitalis cum duabus navibus factis de dictis aliis duabus domibus."

[1]) Wittmer und Molitor. Rom, ein Wegweiser durch die ewige Stadt. S. 177.

züglichsten Werke Giulio Romano's gehalten wird. Besondere Verehrung wurde in dieser Kirche der h. Barbara, als Patronin der Sterbenden, gezollt, und ihr zu Ehren gleichfalls ein Seitenaltar erbaut, der von den Päpsten mit großen Privilegien versehen wurde [1]). Wie gleichfalls oben schon erwähnt wurde, verlieh derselbe Papst allen Gläubigen, welche die Kirche des Hospizes am Feste Mariä Geburt (Patrocinium der Kirche) besuchen, einen Ablaß von zehn Jahren. In neuerer Zeit wird an diesem Festtage gewöhnlich das vierzigstündige Gebet in der deutschen Nationalkirche gehalten, bei welchem Anlasse die Kirche mehr als gewöhnlich besucht wird.

Die Kirche stand unter Leitung des Rectors, der zugleich pfarrliche Rechte für die Bewohner des Hospizes besaß. Anfangs genügte ein Kaplan zur Ausübung der Seelsorge für die nach Rom pilgernden Deutschen; die Zahl der Kapläne mehrte sich jedoch mit der Vergrößerung des Hospizes. Ob dieselben alle der deutschen Nation angehörten, läßt sich nicht genau bestimmen, ist aber sehr wahrscheinlich. Im Jahre 1551 werden 10 Kapläne angegeben, im Jahre 1585 zwölf, seit 1713 gar 14 mit einem Monatsgehalt von sechs Scudi, nebst allerlei Accidenzien. Den ersten Rang unter ihnen behauptete der Sacristan, der die Aufsicht über die Sacristei ꝛc. führte [2]).

---

[1]) Bruderschaftsbuch, Fol. 3: „Gregorius XIII. Altare B. Barbarae privilegiis indulgentiarum in favorem et auxilium Animarum fidelium dotavit, ut ex Bulla constat." Auch jetzt noch werden die üblichen Anniversarien in der Regel auf dem privilegirten Altare der h. Barbara gehalten.

[2]) Aus Flir's geschichtl. Abhandlung.

In der Kirche des Hospizes, welche im Jahre 1843 prächtig restaurirt und mit einer guten Orgel ausgestattet wurde, befinden sich folgende Monumente.

Grabmonumente in der Kirche des Hospizes.

Zu den Hauptzierden der Kirche des Hospizes gehört das Grabmal Hadrian's VI. nach dem Entwurfe von Baldassar Peruzzi (an der rechten Wand des Chores). In dem Relief unter dem Sarge ist der Einzug des Papstes, und in den Nischen sind die vier Cardinaltugenden dargestellt. Die Inschrift lautet:

Hadrianus VI. P. P.

Hadrianus VI. Pont. Max. ex Trajecto insigni inferioris Germaniae Urbe, qui dum rerum humanarum maxime aversatur splendorem ultro a Proceribus ob incomparabilem sacrarum disciplinarum scientiam, ac prope divinam castissimi animi moderationem, Carolo V. Caesari Augusto Praeceptor, Ecclesiae Dertusensi Antistes, Sacri Senatus Patribus Collega, Hisp. Regnis Praeses, Reipublicae denique Christianae divinitus Pontifex absens adscitus.

Vixit Ann. LXIV. Mens. VI. Dies XIII. Decessit XVIII. Kal. Octob. Anno a Partu Virginis MDXXIII. Pontific. sui Ann. II. Guilhelmus Enkenvoirt, illius benignitate et auspiciis, tit. SS. Jo. et Pauli Presbyt. Card. Dertusenis faciendum curavit.

Proh dolor, quantum refert, in quae Tempora, vel optimi cujusque; Virtus incidat.

Gegenüber ist ein ähnliches Monument, nämlich das mit vielen Sculpturen geschmückte Grabmal von Carl Friedrich, Herzog von Cleve, welches die Niederländer Egydius von Riviere und Nikolaus von Arras ausführten. Es ist dies derselbe Herzog, welcher von Gregor XIII.

den geweihten Hut und Degen empfing, und der im Confraternitätsbuch lobend erwähnt wird ¹). — Am Haupteingange rechts steht das Grabmal des Cardinals **Andreas von Oesterreich** ²) mit der Inschrift:

D. O. M.
Memoriae.
Andreae ab Austria, Ferdinandi Archiducis filii,
Ferdinandi Imperatoris Caesaris Augusti nepotis,
S. R. E. Cardinalis, Constantiensis et Brixinensis episcopi,
S. R. I. principis,
Qui majorum splendorem propriae virtutis gloria exaequans,
Religione conservanda et augenda, justitia clementiaque temperanda,
Per omnes suae ditionis partes diligentissimus
Belgicae provinciae difficillimis temporibus a Philippo II. rege
Praefectus, eam incomparabili prudentia et fortitudinis laude,
Administravit, perduelles armatos togatus terruit,
Romam anno saeculari religioso peregrini habitu visens,
A Clemente, P. O. M. agnitus, in Vaticanas aedes amantissime receptus,
Post solemnes basilicas veneratas, vi morbi lecto affixus,
Sacris mysteriis rite ab eodem Pontifice expiatus,
Ex terrena peregrinatione ad coelestem patriam migravit,
Incredibili urbis desiderio defletus, publico funere elatus,
Exequiis praesente sacro collegio et curia honestatus est.
Vixit annos XLII, menses V, dies XXVII. Obiit anno MDC. pridie idus novembris.
Carolus ab Austria, s. Imperii Marchio Burgaviae, Landgravius Nellenburgi etc.
Fratri unico unicus desideratissimo moerens posuit.

---

¹) Platner, Beschreibung Rom's. S. 520.

²) „Andreas Card. ab Austria, Romae obiit 12. Nov. 1600, et hic in sacello S. Marchionum depositus fuit jubente pontifice, 14. Nov. 1600 anno jubileo." (Confraternitätsbuch, pag. 244).

Von den vielen anderen Denkmälern für Deutsche mögen noch zwei erwähnt werden, nämlich das des Neffen Hadrian's VI. mit der Inschrift:

Guillelmo Enckenvortio Brabantino Sanct. Rom. Eccl. Presbytero Card. qui plurimis Romanae Reipublicae magistratibus, et Germaniae procuratione integerrime functus ab Hadriano VI. Pont. Maximo, cujus item res administraverat libellis dandis, et Ecclesiae Dertusensis praefectus, et in Cardinalium Collegium, claro benevolentiae indicio, translatis in eum pristinae suae dignitatis insignibus, solus cooptatus. Deinde etiam a Clemente VI. Ecclesia Trajectensi honestatus est. Carolo V. Imperatori libentiss., quem ab illo coronam Imperii accipientem, inunxit, quique beneficiorum memor Hadriani cadaver e Petri Basilica in hanc aedem, cujus construendae et ornandae adjutor fuit, sepulchro posito transferri curavit, in egenos, et in omnes homines beneficentissimus.
Joannes Dominicus Tranensis, Antonius Sanseverinus Cardd. et Petrus Vorstius Episcopus Aquensis, Andreas Castillo scriptor Apostolicus ex testamento posuere.
Vixit annos LXX. mortem obiit MDXXXIV.

und das Grabmal des berühmten Gelehrten und Custos der vaticanischen Bibliothek Lucas Holstein beim Eingang in die Sacristei. — Die Grabinschriften der all' Anima begrabenen Niederländer haben einen eigenen Herausgeber gefunden [1]).

Es scheint, daß die in Rom verstorbenen Deutschen sich mit Vorliebe in der Kirche der Anima begraben ließen; wenigstens kommt im Confraternitätsbuch der Anima über hundertmal die Formel vor: sepultus in

---

[1]) Epitaphes des Neerlandais (Belges et Hollandais) enterre's a Rome, publiées avec introduction et notes biographiques par Victor Gaillard, docteur en droit. Gand. Hoste 1853.

nostro hospitali." Doch findet sich bei Manchen auch angemerkt: sepultus in campo sancto in der Kirche del populo, ara coeli u. s. w.

Das Campo santo neben der Peterskirche in Rom ist gegenwärtig der Friedhof für die Deutschen in Rom; er ist mit Cypressen eingefaßt und mit herrlichen Monumenten geziert. Die Erde ist vom Kalvarienberge in Jerusalem. Neben dem Friedhofe befindet sich eine Kirche und ein Bruderschafts-Oratorium, wo die Officien für die verstorbenen Mitglieder dieser Bruderschaft (die schwarze Kutten tragen, welche über den Kopf gehen, so daß nur die Augen frei sind) abgehalten werden [1]).

Der heilige Stuhl als ausschließlicher Protector.

Wie oben bereits mitgetheilt wurde, nahm der heilige Stuhl das neu gegründete deutsche Nationalhospiz unter seinen eigenen Schutz, und der jeweilige Papst

---

[1]) Auch bei dieser Kirche befindet sich ein Hospiz, worin deutsche Pilger auf ein paar Tage Unterkunft finden. Lange Zeit befand sich die Verwaltung der Anstalt in italienischen Händen, bis in den Vierziger Jahren in Folge einer apostolischen Visitation wieder ein Deutscher als Rector angestellt und erklärt wurde, daß nur Deutsche an dieser Bruderschaft und ihren Emolumenten Theil nehmen dürfen. Das Verdienst dieser Revindicirung gebührt dem damaligen Legationsrath bei der österreichischen Gesandtschaft Ferdinand Ritter von Ohms, der die Gebrechen zu Papier brachte, die Statuten revidirte und sie dem Papste vorlegte. Der biedere Mann, der stets die deutschen Interessen der Anima unter schwierigen Verhältnissen vertrat, starb aus Gram über die römische Revolution im Jahre 1848. (Nach mündlichen Mittheilungen des ehemaligen Priors der Anima Seb. Reichart).

übte denselben durch seinen Vicar als Stellvertreter aus. Ein einziges Mal erscheint im Bruderschaftsbuche ein Anselmus Faber von Breda, Referendarius unter Eugen IV. und Nikolaus V. († zu Florenz 30. August 1449) als „hujus hospitii B. Mariae Theutonicorum de Urbe Protector"; wahrscheinlich war er päpstlicher Stellvertreter in außerordentlicher Weise [1]).

Es ist begreiflich, daß bei der wachsenden Bedeutung des deutschen Nationalhospizes die deutschen Kaiser ihr Augenmerk auf dasselbe richteten, sowie auch die in Rom weilenden Deutschen sich von dem kaiserlichen Schutze manche Vortheile versprechen mochten. Diese Umstände bewirkten, daß nach und nach der h. Stuhl das Protectorat mit dem deutschen Kaiser theilte. Schon Kaiser Karl IV., Kaiser Sigismund und Maximilian I. werden mit dem Ehrentitel Protector angeführt, ohne daß besondere Gunstbezeugungen von Seite dieser Kaiser für das Hospiz angegeben werden. Von Kaiser Friedrich III. wird blos seine Vermählung mit Leonora in der Peterskirche 1452 erwähnt; aber er muß dem Hospiz geneigt gewesen sein, weil es von seinem Nachfolger Maximilian I. im Bruderschaftsbuche heißt: „Considerantes affectionem, quam div. mem. Fridericus III. ad ecclesiam habuit .. in confraternitatem inscribi fecit" [2]). — Im November 1483 beschloß die Congregation an dem Hospiz der Anima und an allen dem deutschen Nationalhospize gehörigen Häusern das kaiserliche Wappen

---

[1]) Confraternitätsbuch, pag. 192.
[2]) Confraternitätsbuch, pag. 9.

anzubringen, was jedoch Sixtus IV. nicht erlaubte. Indeß geschah es doch während der folgenden Sedisvacanz am 24. August 1484 („arma imperialia sunt sculpta et infixa in marmore in medio ambarum domorum"), ohne daß eine weitere Einsprache von Seite des h. Stuhles geschah ¹).

So begann also unter Friedrich III. im Jahre 1484 factisch das kaiserliche Protectorat neben dem päpstlichen über das deutsche Nationalhospiz ²).

Das Verhältniß des deutschen Kaisers zum Hospize.

Die Aushängung des kaiserlichen Reichsadlers, von der früher die Rede war, und das stillschweigende Belassen desselben von Seite der päpstlichen Regierung, involvirt die Anerkennung der kaiserlichen Protection. Förmlich ausgesprochen und sanctionirt wurde dieselbe erst durch Kaiser Maximilian I. mittelst Diplom ddo. Augsburg 15. Februar 1518 ³). In demselben berührt der Kaiser die besondere Theilnahme seines durchlauchtigsten Vaters für das deutsche Nationalhospiz, belobt den Neubau, die Frequenz des täglichen Gottesdienstes, die große Hospitalität, und spricht sein Bedauern aus,

---

¹) Aus Flir's geschichtl. Abhandlung.
²) Flir's geschichtliche Abhandlung über die Anima für die S. Visita unterscheidet drei Perioden: 1. Das ausschließliche Protectorat des h. Stuhles. 2. Das päpstliche und zugleich kaiserliche Protectorat. 3. Das päpstliche und österreichische Protectorat.
³) Das Original wurde von Flir in einem alten Buche aufgefunden.

daß Mächtige geistlichen und weltlichen Standes das Hospiz anfeinden und beeinträchtigen. Um dagegen Sicherheit zu verschaffen und das Wohl des Hospizes zu befördern, wolle er die allerhöchste **Protection** übernehmen [1]); und zwar sei der jeweilige Gesandte mit der Ausübung dieser Protection beauftragt, ohne weitere kaiserliche Befehle abzuwarten. Eine Erneuerung dieses Diploms wurde von der Congregation 1572 bei **Maximilian II.** nachgesucht [2]).

Indeß machten die kaiserlichen Gesandten, welche die **weltlichen** Angelegenheiten des deutschen Kaisers in Rom vertraten, von diesem Rechte keinen Gebrauch; wenigstens liest man nirgends, daß irgendwie diese ihre Eigenschaft hervorgetreten wäre. Dagegen erscheinen bis zur Zeit Leopold I. die sogenannten **Protectoren der deutschen Nation** zugleich als Protectoren des deutschen Nationalhospizes. Diese Protectoren waren kaiserlich gesinnte Cardinäle, welche die **geistlichen** Angelegenheiten des deutschen Reiches in Rom vertraten, und mit dem Kaiser in Correspondenz standen. Als solche werden in den Büchern aufgeführt: Cardinal **Piccolomini** von Siena (1499), welcher die Baubewilligung von Seite des Papstes Alexander VI. vermittelte; Cardinal **Enkenvort**, Cardinal **Truchseß** (von Augsburg); Cardinal **Madrutz** (Madruccio) Fürstbischof von Trient, Cardinal **Altemps** (Hohenembs in Vorarlberg), Cardinal

---

[1]) „In Nostram et Sacri Romani Imperii protectionem, tuitionem, defensionemque et curam suscepimus et suscipimus."

[2]) Aus Flir's geschichtl. Abhandlung.

Borghese (1617), Cardinal von Savoyen (1637) u. s. w. Nur einem einzigen kaiserlichen Gesandten, dem Grafen Madruß, Bruder des Cardinalprotectors ertheilte die Congregation als Zeichen der Anerkennung seiner besonderen Sorgfalt für das Hospiz den Titel eines Protectors.

Als Karl V. in Rom weilte, schrieben sich die vornehmen Herren seines Gefolges — geistliche und weltliche als Confratres in das Bruderschaftsbuch ein [1]). Im Jahre 1569 wurde das oben (S. 10) beschriebene Siegelwappen (nämlich die h. Jungfrau zwischen zwei Seelen auf der Brust des deutschen Reichsadlers) als kaiserliches Hospizwappen eingeführt. — Glänzende Exequien wurden in der Kirche des Hospizes zu Ehren Karl V. (1559), Ferdinand II. (1637) und Ferdinand III. (1657) gehalten. — Hinwiederum sendete der Kaiser die in der Schlacht bei Nördlingen erbeuteten feindlichen Fahnen der deutschen Nationalkirche in Rom.

Erschien dergestalt der deutsche Kaiser als der höchste weltliche Protector, so machte auch der heilige Stuhl seine geistlichen Protectoratsrechte geltend. So z. B. befahl Gregor XIII. im Jahre 1584 die unabänderliche Befolgung der Statuten, und die Beibehaltung des ersten Provisors Gerard Voß auch für das folgende Jahr ungeachtet des Widerstrebens der Congregation.

---

[1]) „Carolus Quintus, Imperator semper Augustus, die 5. Aprilis 1536 . . . maximis cum triumphis urbem Romam ingressus est. De quorum numero infrascripti ob divae Virginis Mariae amorem dignati fuerunt huic laudabili societati se ascribere et eleemosynam erogare, prout in libro receptorum continetur." (Confraternitätsbuch der Anima, pag. 27).

Auf das Verlangen einer Generalvisitation (sagra Visita) ging jedoch der h. Stuhl nicht ein¹).

Hier sind wir auf jenem Punkte angelangt, wo der innere und äußere Zustand des deutschen Nationalhospizes zu Rom nicht mehr der erfreuliche ist, wie einstmals. Wir beginnen daher eine neue Abtheilung in der Geschichte der Anima.

---

¹) Flir's geschichtliche Abhandlung.

Zweiter Abschnitt.

Verfall der Anima.

Rückwirkung des kirchlich-politischen Verfalles Deutschlands auf das Hospiz.

Es ist merkwürdig, daß gerade jene Zeit als die Blüthezeit des Hospizes bezeichnet werden muß, in welcher die reformatorischen Bewegungen ganz Deutschland in Aufregung brachten. Fast scheint es, als ob die immer mehr sich steigernde Zerklüftung Deutschlands die Wichtigkeit eines religiösen Centralpunktes in Rom den Deutschen nahe legte. Die Verweltlichung der deutschen Kirche hatte in Folge des Ueberwucherns der dynastischen Interessen und der parteiischen Ausbeutung des Wahlrechtes der adeligen Kapitel in schauerlicher Weise zugenommen. Wo hätte man mehr Abhilfe suchen und erwarten sollen als in Rom? Leider war der römische Stuhl nicht in der Lage, die Gährung der Gemüther zu beseitigen, und die große deutsche Revolution zu verhindern, zu welcher Martin Luther das Signal gab. Die Päpste mußten es erleben, wie Laien gegen Geistliche auftraten, wie

Bischöfe und Priester, Fürsten und Völker vom Glauben abfielen, Mönche und Nonnen ihre Gelübde brachen, und zahllose Abtrünnige in Wort und Schrift den Nachfolger des h. Petrus verspotteten und beschimpften. Das bisher wenigstens im Glauben einig gewesene Deutschland zerfiel in zwei confessionell gespaltene Bruchtheile — die Macht und das Ansehen des römisch-deutschen Kaisers war im Sinken. — Das konnte nicht ohne Rückwirkung auf das deutsche Nationalhospiz in Rom bleiben. Zwar dauerten die Pilgerfahrten der kirchlich Gesinnten nach Rom fort, um sich am Grabe der h. Apostel Kraft und Trost, Muth und Stärke zu holen. Auch der deutsche Reichsadler stand im Auslande noch in größerem Ansehen als in seiner Heimat. Als ferner der römische Stuhl endlich das allgemeine Concil von Trient berief, und dessen reformatorische Beschlüsse mit Ernst und Eifer durchzuführen sich anschickte, entwickelte sich ein reger Verkehr mit den deutschen Bischöfen, welche von Rom aus — durch das Collegium germanicum — das gesunkene katholische Deutschland wieder zu heben suchten [1]. So manche Namen, welche wir in dem Confraternitätsbuch der Anima lesen, sind in der Kirchengeschichte Deutschlands berühmt geworden; Rom hat regenerirend auf sie, und durch sie auf das deutsche Heimatsland eingewirkt. Dessenungeachtet aber — wir wiederholen es — hat der kirchlich-politische Verfall Deutschlands auf den Verfall des deutschen Nationalhospizes in Rom merkbar zurückgewirkt, wie sich im Folgenden zeigen wird.

---

[1] Das deutsche Collegium in Rom. Hist.-pol. Blätter IX. 237.

Abnahme der Confraternität, und Zunahme des Einflusses der Congregation.

Mit Beginn des 17. Jahrhundertes beginnt der Eifer der deutschen Confraternität zu erkalten, und in der Mitte desselben scheint er fast ausgestorben zu sein. Mit dem Jahre 1653 schließt die Reihe der Mitglieder im Bruderschaftsbuche ab, obwohl noch genug leere Blätter zur weiteren Benützung zu Gebote standen. Es scheint daher die Schlaffheit des damaligen Reichswesens und der deutschen Nation überhaupt nicht ohne Einfluß auf das deutsche Nationalinstitut zu Rom geblieben zu sein.

Indeß ist die Ursache des Verfalles nicht allein in äußeren Verhältnissen, sondern vielmehr in inneren zu suchen. Der ursprüngliche Eifer der Mitglieder hatte nachgelassen, die Versammlungen der Confraternität wurden spärlich besucht, und so fiel die Last der Arbeit und die ganze Sache der Confraternität in die Hände der Vorstände, welche — mehr und mehr an unbeschränkte Leitung sich gewöhnend — jede Einsprache oder Controle Seitens der Confraternität für entbehrlich hielten. So wenigstens muß man aus mehreren Congregations= beschlüssen combiniren. — Im Jahre 1551 am 20. No= vember wurde beschlossen, daß in Zukunft nicht mehr alle Confratres Sitz und Stimme bei der Congregation haben, sondern nur 12 oder 13 Auserwählte (¹/₃ davon Laien), welche ausschließlich die Congregation bilden und sich durch sich selbst ergänzen sollen. Dadurch kam eine ungeheure Macht in die Hände der Congregation, während die Mitglieder das Interesse an dem Hospize mehr und mehr verloren, bis endlich auch das letzte Zeichen der Thätigkeit der Bruderschaft als solcher erlosch. Die Auserkorenen fühlten bald die Wichtigkeit ihrer autokratischen Stellung; sie gefielen sich in dem Ansehen, das sie besaßen, und nannten sich nicht mehr einfach Confratres, sondern seit 1634 „Congregationis Domini Provisores." Consequent erlitt auch die innere Einrichtung der Congregation mannigfache Veränderungen. Der Rector hieß Provisor administrans, seit 1640 Regens. Früher hatte der Provisor regens einen Conprovisor zur Seite, und eigens gewählte Confratres versahen das Amt eines Fabricierius, denen zwei andere Mitglieder als Syndici zur Revision der Rechnungen und ein Architect beigegeben war, während ein Procurator das Institut bei den Gerichten vertrat. Als die Theilnahme des Gesammtkörpers jedoch mehr in den Hintergrund trat, thaten sich die Einzelämter mehr hervor. Es wurden zwei Präfecten für die Bauten, einer für das Hospiz, einer für die Kirche und zwei als Archivisten gewählt; außerdem gab es noch einen Depositarius, Exactor und Secretarius. Die Versammlungen sollten alle Monate stattfinden, wurden jedoch nur drei bis vier Mal im Jahre gehalten, und die Protokolle darüber wurden mitunter sehr nachläßig geführt. Das übliche Locale für die Versammlungen war die an die Kirche angebaute Sacristei [1]).

---

[1]) Diese Daten wurden von Flir im Archive der Anima gesammelt, und in die öfter citirte geschichtliche Abhandlung zum Behuf der S. Visita aufgenommen.

Es ist begreiflich, daß eine so bureaukratische Regierung zu Unordnungen und mannigfacher Unzufriedenheit Anlaß gab, wie dies schon früher einige Male angedeutet wurde. Am mißlichsten dabei war jedoch der Umstand, daß die an der Kirche angestellte Geistlichkeit in totale Abhängigkeit von der Congregation gerieth, welche die Capläne nach Belieben ernannte und entsetzte. Zu dieser anomalen Entwicklung der Confraternität trug unstreitig auch das Verhältniß zu dem mehr in den Vordergrund tretenden weltlichen Protector des deutschen Nationalhospizes bei, wovon weiter unten (S. 43) ausführlicher die Rede sein wird.

Abweichung von den statutenmäßigen Nationalitätsrechten.

Mit der Lockerung des Reichsverbandes in einzelnen deutschen Ländern oder gänzlicher Abtrennung derselben vom Reiche kam natürlich auch eine Verwirrung in die Administration des deutschen Nationalhospizes zu Rom. Nach der Intention der ursprünglichen Stiftung sollten nur Deutsche von Geburt in dem Hospize Aufnahme finden, und dieselbe Bedingung galt für die Capläne, für die Confraternität und für die Wählbarkeit in die Congregation [1]). Diese Bestimmung erlitt indeß, wie sich sogleich zeigen wird, mannigfache Modificationen.

Die erste Schwierigkeit verursachten die Niederländer. Carl V. hatte durch die pragmatische Sanction

---

[1]) „Nisi sit vere ex Germania — superiori vel inferiori —, et loqui sciat germanice, ac sub Imperatore Germanico natus", laut Erklärung im Jahre 1585.

im Jahre 1548 die Niederlande mit Spanien vereinigt, aber ohne Trennung vom deutschen Reich, dem sie als burgundischer Kreis angehörten. Ein Theil der Niederlande — Holland — riß sich in den Religionskriegen los, und wollte die kaiserliche Majestät nicht mehr anerkennen. Diese politischen Ereignisse übten ihren Rückschlag auch auf das deutsche Nationalhospiz zu Rom. Man beschloß (7. April 1599) keine Belgier mehr ins Institut aufzunehmen [1]) und verwies die Bittsteller an ihr eigenes Nationalhospiz, das die Flandrer und Burgunder in Rom besaßen [2]). Nur wurde Anfangs mit ihnen glimpflicher verfahren „propter scandala, quae inde a Leodiensibus aliquot exoriri formidari possent" [3]). Auch belgische Geistliche wurden aus Mangel an deutschen Priestern zugelassen, was jedoch oft zu Reibungen zwischen den Caplänen und der Congregation Veranlassung gab. — Aus gleichen Gründen wurden nach dem Frieden von Ryswik (1697) die jetzt zu Frankreich gehörenden Elsässer und Lothringer ausgeschlossen, jedoch mit dem Beisatze: „si vero sub S. Caesarea Majestate seu Romano Imperio revertantur, illico recipiantur ut antea" [4]).

Außer diesen durch politische Ereignisse herbeigeführten Beschränkungen des Anrechtes auf den Genuß des deutschen Hospizes ist auch die Ausschließung

---

[1]) „Ne recipiantur ex Dominiis et ditionibus etiam belgicis, quarum princeps non agnoscit S. Romanum Imperium".
[2]) „Accedant Hospitale eorum nationum."
[3]) Sitzungsprotokoll, 1559.
[4]) Sitzungsprotokoll vom 6. September 1699.

derjenigen Nationen zu erwähnen, welche die ſtipulirten Beiträge unterließen oder verweigerten. Es exiſtirt noch ein altes Verzeichniß der Berechtigten und Ausgeſchloſſe= nen ohne Datum, worin es in italieniſcher Sprache heißt: „Non entrano: Suezia, Danimarca, Dalmatia, Ungeria, Transilvania, Polonia, Cantoni di Svizeri, Fiandra, Contea (?), Gandova, Iperi, Hannonia, Mons Artois, Vallencie, Cambray, il Ducato e Contea di Borgogna, Contea di Namur, Besanzone" etc. Dagegen machte der Kaiſer ſeine Protectoratsrechte gel= tend und befahl (nach Anerkennung obigen Verzeichniſſes) im Einverſtändniſſe mit der Congregation auch noch die Aufnahme der Pilger aus Böhmen, Krain, Kroatien, Friaul, Trient, Görz, Cilly, Drauburg, Mähren, Schleſien, Schwaben, kurz aus allen öſterreichiſchen Erbländern [1]).

War nun einmal in die alten Statuten eine Breſche geſchoſſen, ſo war es nicht zu wundern, daß es nicht dabei blieb, ſondern daß die eigenmächtige Congregation noch weiter ging, und auch ſolche Individuen in ihren Kreis aufnahm, welche nicht einmal Deutſche waren, aber das deutſche Indigenat erhielten. So geſchah dies z. B. im Jahre 1700 mit dem kaiſerlichen Agenten Petrus de Dominicis, und im Jahre 1715 mit dem kaiſerlichen Geſandtſchaftsſecretär Primolus [2]). Allerdings geſchahen dieſe Neuerungen nicht ohne Wider= ſpruch, ja die Niederländer appellirten 1700 ſogar in einem Memorandum, das ſie dem ſpaniſchen Geſandten

---

[1]) Diplom vom 18. October 1699.
[2]) Von Flir geſammelte Notate aus dem Archiv der Anima.

überreichten, an die Gerechtigkeit des falsch informirten Kaisers, und verlangten von dem Papste eine „Sagra Visita" ¹). Indeß scheint die Anstrengung keinen Erfolg gehabt zu haben, zumal durch den Frieden von Baden 1714 die spanischen Niederlande wieder an Oesterreich zurückfielen.

Der Febronianismus.

Nicht wenig trug zum Verfalle des deutschen Hospizes zu Rom auch jener falsche Geist der Aufklärung bei, welcher das vorige Jahrhundert charakterisirt. So innig der Wechselverkehr zwischen Rom und Deutschland im Mittelalter gewesen, so locker wurde er zur Zeit des Illuminatismus und Febronianismus. Diese beiden Richtungen, in denen sich der Abfall von der Kirche kundgab, hatten sich gegen Rom verschworen. Während der Illuminatismus im Costum der Freimaurerei an den Höfen und im Adel seine zahlreichen Adepten zählte, fand der Febronianismus eine nicht geringe Zahl von Anhängern unter dem höheren Clerus und in den geistlichen Kanzleien. Beide waren in dem Endziele vollkommen einig, nämlich in der Bekämpfung (richtiger Vernichtung) des päpstlichen Primates, und es gelang ihnen die öffentliche Meinung für sich zu gewinnen. Das Wort „Aufklärung" war in Deutschland ein Zauberwort geworden, das selbst an sich edle Geister umstrickte. Die Anhänglichkeit an den

---

¹) Libellus suplex Belgarum ad Oratorem regis Hispaniae apud S. Sedem apostolicam in Urbe scriptus 1700. Eine (französische) Abschrift davon befindet sich im k. k. Staatsarchiv zu Wien.

h. Stuhl war tief erschüttert. In kleinlichen Zwisten haberten die Kurfürsten — in unglaublicher Verblendung die Zeichen der Zeit verkennend — um die Jurisdiction mit den Nuntien des päpstlichen Stuhles, und wendeten sich an den Kaiser als obersten Schutzherrn der deutschen Kirche zur Vertheidigung ihrer bischöflichen Rechte gegen die Eingriffe des Oberhauptes der Kirche. Die famose Punktation auf dem Emser Congreß (1786) war das Product der damals herrschenden Gesinnung in den höchsten geistlichen und weltlichen Kreisen Deutschlands. Kaiser Joseph II. lobte sogar den Eifer der Emser Erzbischöfe in Verbesserung der Kirchenzucht und sagte ihnen seine Unterstützung zu [1]). Und so wurden die Principien des Febronius die herrschenden in Oesterreich, wo bisher der Schwerpunkt des Katholicismus in politischer Beziehung lag, und verbreiteten sich durch die dahin zielenden Anordnungen der Regierung in den theologischen Schulen und in den Reihen des Clerus dergestalt, daß Febronianismus und Josephinismus in der Geschichte als völlig identisch gelten. Aller Verkehr mit Rom ohne vorhergehende landesfürstliche Bewilligung war strenge verboten [2]). — Dieser Geist der Knechtung der Kirche —

---

[1]) Lonovics, der Josephinismus. Wien 1851.

[2]) Als am Schlusse des Triduums, welches 1844 bei der Wiedereröffnung der deutschen Kirche S. Maria dell'anima veranstaltet ward, Gregor XVI. selbst zur Feier sich einfand, und die Germaniker, die zum Dienste berufen worden waren, ihm vorgestellt wurden, sagte er wehmüthig: „Ist wohl ein Oesterreicher darunter?" (Er freute sich, als ihm wenigstens Einer konnte gezeigt werden, der aber gleichsam hineingeschmuggelt worden war. (Hurter, Geschichte Ferdinand II. Band III. S. 444. Note 82).

in seinen Resultaten schlimmer als eine offene Verfolgung — beseelte natürlich auch die kaiserlichen Agenten zu Rom, welche den allerhöchsten Protector des deutschen Nationalhospizes daselbst zu vertreten hatten. Wie hätte unter solchen Verhältnissen dasselbe aus seinem Verfalle sich erheben sollen? Es sank nur um so tiefer.

Gänzliche Verweltlichung des Protectorates.

Der josephinische Absolutismus konnte um so eher auch das deutsche Nationalhospiz zu Rom mit seinem bureaukratischen Netze umschlingen, als die Mitglieder der Congregation ohnehin eine Lust verspürten sich von den päpstlichen Rechten und Ansprüchen zu emancipiren. Es war bereits dahin gekommen, daß in der Congregationssitzung der kaiserliche Repräsentant das erste und letzte Wort sprach, so daß die gänzliche Verweltlichung des Protectorates sich gewissermaßen von selbst machte. Das (fragliche) Verdienst in dieser Hinsicht gebührt dem kaiserlichen Agenten de Dominicis [1]), der mit besonderer Energie das Haus Oesterreich in Rom vertrat. Er schrieb unermüdlich Berichte an den Kaiser, in welchen er die übertriebene Behauptung aufstellte, daß die Kirche der Anima ein Werk der habsburgischen Kaiser sei. Auch berief er sich auf den Ausspruch des Concils von Trient (sess. XXII. cap. 8), kraft welchem die unter des Kaisers unmittelbarer Protection befindlichen frommen Anstalten ohne dessen Erlaubniß von keinem Bischof visitirt werden sollen! Richtig erwirkte er auch

---

[1]) Mit dem Titel: „Residente di S. R. J. e dell'Augusta casa.

ein Diplom des Kaisers Leopold ddo. 18. October 1699, nach welchem ein Bischof in seinem (des Kaisers) Namen das Hospiz visitiren sollte, und in welchem Diplom das Recht des Mitgenusses des Hospizes auf solche Länder und Städte ausgedehnt wurde, die bisher davon ausgeschlossen waren. Dadurch ermuthigt widersetzte sich die Congregation der alljährlich üblichen Einreichung der Stiftungs- und Sacristeibücher, der Bezahlung der über das Hospiz verhängten Weinsteuer, die bisher nicht bestand, und lehnte sich so gewissermaßen gegen das Generalvicariat auf. Dieses verhängte in Folge dessen die Sequestration über das Hospiz und erklärte, daß es eine eigenmächtige kirchliche Visitation nicht dulden werde. Bei diesem Umstande versicherte Kaiser Joseph I. ddo. 14. April 1706, daß es sich eigentlich nicht um die Visitation der Kirche handle, „sed de mero missarum ejus pietati a benefactoribus relictarum implemento" [1]. Hierauf wurde die Sequestration wieder aufgehoben.

Aus dem ganzen Sachverhalt jedoch läßt sich der Schluß ziehen, daß das deutsche Nationalhospiz zu Rom, welches bisher unter dem Protectorat des deutschen Kaisers als solchem stand, mehr in ein habsburgisches überging, bis es zuletzt zu einem specifisch österreichischen Protectorate sich ausbildete. Schon die Zusammensetzung der damaligen Congregationsmitglieder dient als Beleg dafür, daß der österreichische Einfluß überwiegend war. Beim Tode Carl VI. (1740) bestand die

---

[1] Aus dem Archiv der Anima gesammelt von Flir.

Congregation aus folgenden Mitgliedern: Baron Gude-
nus, Commendatarius, Provisor Regens, Graf Thun,
Bischof von Gurk, bevollmächtigter kaiserlicher Minister
beim h. Stuhle, de Thur aus Lüttich, Sighetti von
Trient, maestro di casa del Sg. Ambassadore della
S. Religione di Malta, Gruele von Trient, kaiserlicher
Agent, Lehoye aus Lüttich, signator apostolicus,
Ludovici Luxenburgensis. Auffallend ist das Ueber-
wiegen der Niederländer, die von jeher in der Con-
gregation einen starken Druck ausübten, indem sie sich
darauf beriefen, daß der erste Stifter des Hospizes ein
Niederländer war.

Im Jahre 1742 erwählte die Congregation zwei
geistliche Protectoren, nämlich den römischen Cardinal
Giubia, der schon unter Carl VI. Protector des deutschen Hospizes war, und Cardinal Kollonits in Wien,
der ebenfalls schon Protector des Hospizes beim allerhöchsten Hofe in Wien war. Bald darauf erklärte die
Congregation als Protector nicht den nach Erlöschen des
habsburgischen Mannsstammes zum Kaiser gewählten
Carl VII., sondern als „Comitissa Belgica" die Kai-
serin Maria Theresia, und zwar mit allen Rechten
ihres durchlauchtigsten Vaters, wozu sie eigens die Bei-
stimmung des kirchlichen Oberhauptes Benedict XIV.
nachsuchte. Das darüber eingereichte Memorandum ent-
hielt manche historische Irrthümer, z. B. die Stiftung
sei eine niederländische, und nur in Folge der kaiserlichen
Protection eine deutsche [1]. Aber auch Kaiser Carl VII.

---

[1] Aus Flir's geschichtlicher Abhandlung.

wandte sich an den h. Stuhl, worauf Papst Benedict XIV., nachdem die Sache in einer Cardinal-Congregation berathen worden war, beschloß, daß hinsichtlich des Hospizes der Anima keine Neuerung vorgehen, sondern das Protectorat dem Hause Oesterreich verbleiben solle [1]). Dadurch war die Umwandlung des bisher kaiserlichen Protectorates in ein specifisch österreichisches factisch und officiell anerkannt.

Rettung der Anima durch Oesterreich.

Unstreitig war es politische Klugheit, die den gelehrten Papst Benedict XIV. zu dem Entschlusse bewog, das österreichische Protectorat anzuerkennen; er sah nämlich gar wohl ein, daß die Macht des deutschen Kaisers stets mehr abnehme, während das Ansehen der Habsburger in Oesterreich zunahm. Es war dieser Entschluß zugleich aber providentiell; denn ohne diese Umwandlung des Protectorates in ein specifisch österreichisches wäre aller Wahrscheinlichkeit nach das deutsche Nationalhospiz mit all seinen Stiftungen zu Grunde gegangen. Als nämlich im Jahre 1798 die römische Republik proclamirt wurde, machten die Franzosen Ansprüche auf das Hospiz der Anima, weil die Niederlande im Frieden von Campo Formio (1797) an Frankreich abgetreten worden waren, und Deutschland sich noch im Kriege mit der französischen Republik befand. Dagegen remonstrirte nun der Provisor Graf Astori, indem er

---

[1]) Acten im Staatsarchiv zu Wien.

darlegte, daß das Hospiz weder ein belgisches noch deutsches, sondern ein österreichisches sei; denn Kaiser Friedrich III. habe die Kirche gebaut, die Habsburger hätten durch 300 Jahre das Protectorat ausgeübt, der österreichische Monarch stehe seit 1. October 1797 im besten Frieden mit Frankreich; man möge sich also an die österreichische Regierung wenden, da nur diese über österreichisches Eigenthum Rede und Antwort geben könne. Nichtsdestoweniger nahm ein Priester aus den Niederlanden, Namens Pfeffer, der früher Kaplan an der Anima war, als französischer Agent am 20. Mai die Anstalt gewaltsam in Besitz, und umgab sich mit einer von ihm gewählten Congregation. Es folgte sofort ein Gräuel der Verwüstung. Die Kirche wurde in ein Heumagazin, und die Sacristei in einen Pferdestall verwandelt; Ornate, Kelche, Leuchter, Glocken und sämmtliche Baarschaft wurden geraubt. Man berechnete den Gesammtschaden auf 23954 Scudi, und 5513 Scudi neue Schulden lasteten auf dem Hospize [1]). Als die neapolitanischen Truppen am 27. September 1799 Rom occupirten, reclamirte die österreichische Regierung ungesäumt und energisch die Wiederherstellung der rechtmäßigen Verwaltung, und der verschleppten noch vorfindlichen Gemälde und anderer Realien. Am 9. December 1799 hielt die rechtmäßige Congregation wieder die erste Sitzung.

Inzwischen drohten neue Gefahren. Napoleon I. herrschte in Rom, und requirirte von dem Hospiz alle

---

[1]) Von Flir aus dem Archiv der Anima gesammelte Notizen zur geschichtlichen Abhandlung.

päpstlichen Staatspapiere [1]). Die Congregation wendete sich in dieser Bedrängniß unterm 20. November 1810 an den Kaiser von Oesterreich als Protector des Hospizes. Es ist diese Appellation um so wichtiger, weil Kaiser Franz am 6. August 1806 die deutsche Kaiserkrone niedergelegt hatte; denn sie constatirt eine ausdrückliche Anerkennung des fortwährenden österreichischen Protectorates [2]).

Seitdem blieb die Anima ein specifisch österreichisches Institut. In einem Schreiben an die Congregation ddo. 1. August 1823 erklärte der kaiserliche Botschafter Graf Apponyi die Kirche der Anima als „chiesa Nazionale Austriaca" und das Hospiz als ein „pio stabilimento puramente Austriaco" [3]). Von da an blieb dieser Titel bis zur neuesten Reform, von der im dritten Abschnitt die Rede sein wird. Daß es aber ohne Oesterreich keine Anima zu Rom gäbe, möge hier ausdrücklich constatirt werden.

Zustand des Hospizes in der ersten Hälfte dieses Jahrhunderts.

Weil das Hospiz mehr und mehr als österreichisches Eigenthum angesehen wurde, so war natürlich auch der österreichische Einfluß darin maßgebend. So z. B. galt

---

[1]) ddo. 17. Mai 1809. Original im Archiv der Anima.

[2]) Kaiser Franz und seine Gemahlin Karolina Augusta schrieben sich im Jahre 1819 eigenhändig in das Bruderschaftsbuch der Anima ein (pag. 9).

[3]) Staatsarchiv zu Wien.

als Grundsatz, daß in die Congregation österreichische Staatsunterthanen aufgenommen wurden, wenn sie auch nicht von deutscher Abstammung waren. Nicht-Oesterreicher konnten wohl Rathgeber (Consultores), aber nicht Provisoren sein. Seit 1770 wurde die Norm festgehalten, daß der jedesmalige deutsche, später österreichische Uditore di Rota während der ganzen Dauer seines Amtes Provisor Regens (Rector) des Institutes war, was den Uebelstand mit sich brachte, daß dieser statt primus inter pares zu sein, immer größere Machtbefugnisse an sich zog. Dieses Amt versahen in letzterer Zeit: Graf Herzan v. Harrach, Graf Salm, Graf Strassoldo, Fürst Odescalchi, Fürst Ruspoli, Graf Silvestri. Die Congregation selbst schrumpfte im vorigen Jahrhundert auf 3—4 Mitglieder zusammen, und bestand später aus 6—7. Für die Functionen der Einzelämter der Provisoren, der Kirche, des Hospizes, des Archives, und der Bauten waren schon im Jahre 1808 zweckmäßige Statuten entworfen worden [1]).

Auf die im Hospize zusprechenden Pilger wurden dieselben Grundsätze angewendet. Ein kaiserliches Edict vom 1. Mai 1824 befahl nur österreichische Unterthanen ohne Unterschied der Nationalität und Sprache zuzulassen, mit einziger (nachträglicher) Ausnahme derjenigen, welche in Rom ohnehin ein eigenes Hospiz haben, wie die Illyrier und Lombarden. Die Zahl der Pilger betrug im Jahre durchschnittlich 100. Zu Maria Geburt, an Quatembertagen und bei außerordentlichen Fällen wur-

---

[1]) Flir, historische Abhandlung.

den Almosen im Gesammtbetrage von 40—50 Scudi ausgetheilt.

Im Jahre 1825 wurde der Sacristan das erstemal Rector genannt — es war ein Italiener. 1834 wurde der Rector der Sacristeigeschäfte enthoben, und hatte nur das Recht und die Pflicht der Aufsicht im Hause; Mitglied der Congregation war er nicht, somit von derselben abhängig. Als Capläne waren an der Kirche, in Ermanglung von deutschen Priestern, ebenfalls geraume Zeit nur italienische Priester angestellt. Im Jahre 1797 befanden sich noch 14 Capläne aus dem deutschen Reiche in dem Hospiz, deren Hauptbeschäftigung die Persolvirung der Stiftmessen und das Chorgebet war. Deutsche Predigten fanden nicht regelmäßig statt, sondern je nachdem ein geeigneter Priester im Hause war. Als Beichtvater war nur Einer der Capläne jurisdictionirt. 1798 und 1810 mußten alle ausländischen Priester Rom verlassen, was die Anstellung italienischer Priester zur Folge hatte, anfangs 5, dann 7. Einer der Capläne hatte mit den Pilgern Abends den Rosenkranz zu beten, sie zu unterrichten, und das Pilgerbuch zu führen.

Als Kaiser Franz im Jahre 1819 in Rom war, versprach er den Deutschen, für einen deutschen Prediger zu sorgen. 1827 wurde dieser Entschluß ausgeführt, und ein deutscher Prediger mit der bedeutenden Zulage von 600 Scudi angestellt. Die Ernennung behielt sich der Kaiser bevor. Der erste deutsche Prediger an der Kirche der Anima war A. Ehrenhöfer, früher Cooperator bei St. Augustin in Wien; er starb 1837 und wurde im deutschen Friedhof bei St. Peter begraben.

Nach ihm kam J. Sartori, Cooperator in der Leopold=
stadt zu Wien, der aber nur anderthalb Jahre blieb [1].
1841 folgte ihm Sebastian Reichart, Cooperator zu
Neulengbach in der Diöcese St. Pölten. Als er nach
Rom kam, fand er einen Italiener, Namens Francesco
Cotti als Rector und einen deutschen Caplan aus Tirol.
Das Unpassende eines italienischen Rectors, der mit kei=
nem Pilger ein deutsches Wort sprechen konnte, sprang
in die Augen. Sebastian Reichart, der sich durch sein
Predigttalent bald Ansehen in Rom verschafft hatte,
brachte es endlich mit Hilfe des Botschaftsrathes Ritter
von Ohms dahin, daß der italienische Rector entfernt,
und der deutsche Prediger Rector mit dem Titel Prior
wurde. Nun war die Stellung des deutschen Predigers
eine angenehmere und selbstständigere, und Reichart be=
nützte sie in lobenswerther Weise. Er regelte die Kirchen=
musik, und war bestrebt, die deutschen Priester zu mehren,
was ihm auch bis auf fünf gelang. In der Ausführung
größerer Pläne störte ihn die Revolution im Jahre 1848,
welcher er weichen mußte. (Vgl. unten). Nach Herstel=
lung der Ordnung fungirte P. Stöger aus dem Jesuiten=
orden als deutscher Prediger an der Anima; und nach
ihm Dr. Reich aus Leitmeritz, der dem sel. Flir Platz machte,
wovon weiter unten ausführlicher die Rede sein wird [2].

Nach einem von der Congregation [3] herausgege=
benen Regolamento für den Clerus und die Diener=

---

[1] Er starb als Prior der Carmeliten zu Graz.
[2] Nach mündlichen Mittheilungen.
[3] Im Jahre 1853.

schaft an dem Institute der Anima war der Personalstand folgender: 1 Rector (mit monatlich 25 Scudi); 4 Capläne (jeder monatlich 15 Scudi); 2 Cleriker für den Dienst in der Kirche und Sacristei; 1 Pförtner, 1 Koch, 1 Pilgerwärter, 1 Pilgerwärterin, 1 Facchino. Den Vermögensstand betreffend, sind noch aus dem vorigen Jahrhundert drei unbedeutende Wohlthäter aus Baiern zu nennen. In diesem Jahrhunderte schenkte Graf Strassoldo dem Institute 145 Scudi; Kaiser Ferdinand 1000 fl.; Graf Lützow, ehemaliger k. k. Botschafter zu Rom, widmete mehrere Einrichtungsstücke für die Kirche, die Bibliothek und das Haus. Se. Eminenz Cardinal Fürst Schwarzenberg, Erzbischof zu Prag, ließ einen Theil des Hospizes für die nach Rom kommenden deutschen Bischöfe prachtvoll einrichten [1]). Die Auslagen für die officiellen Hof=Feierlichkeiten wurden von der österreichischen Regierung bestritten. Sonst war das Institut ganz und gar auf seine eigenen Einkünfte angewiesen. — Daß in Folge der feindlichen Invasion und der dadurch nothwendig gewordenen Reparaturen ein Anlehen aufgenommen werden mußte, ist schon oben erwähnt worden. Die Herstellung des Presbyteriums kostete 10,568 Scudi, die Reparaturen an der Kirche in den Jahren 1842—1844 verschlangen 10,300 Scudi, der

---

[1]) Ein Theil dieses Hauses wurde 1856 zur neuen Rectorswohnung auf Kosten Oesterreichs durch den kaiserlichen Architecten Barvitius hergerichtet. Als Cardinal Schwarzenberg im Jahre 1862 Rom besuchte, trat er gegen Aufhebung des bisher bestandenen Miethcontractes das seiner Zeit von ihm angeschaffte Mobiliar dem Hospize ab.

Neubau eines Hauses forderte 37,087 Scudi (1853), die im Jahre 1854 angeschaffte „Machina" für die Feierlichkeit des 40stündigen Gebetes kam auf 1280 Scudi zu stehen. — Dafür steigerten sich aber auch die Einkünfte auf jährlich circa 12,000 Scudi, welche sich vor der Revolution nur auf 6000 Scudi beliefen. Dem Hospiz gehörten 22 Häuser, wovon 3 in immerwährender, und 8 in zeitlicher Emphyteusis sich befanden. Mittelst des Ueberschusses sollten die Schulden getilgt werden. Die oben erwähnte Stiftung des Natalis und Fabri für Ausstattung armer Mädchen wurde abgesondert verwaltet ¹).

Klagen über das Hospiz.

Die Ueberzeugung, daß das Hospiz der Anima den Bedürfnissen der Zeit in seiner damaligen Organisirung nicht mehr entspreche, wurde immer allgemeiner und gab zu mancherlei Klagen in und außer Rom Anlaß. Es wurde besonders mit Mißfallen aufgenommen, daß das italienische Element in dem deutschen Hospize so überhand genommen. Beweis dafür war die parteiische Austheilung eines jährlichen Heirathsgutes an sechs Mädchen deutscher Abkunft, von denen beispielsweise eine Maria Salvatori, eine andere Pauline Samonati, wieder eine andere Serafine Banni hieß. In den der Anima gehörigen Miethhäusern wohnten lauter römische Familien um sehr geringen Zins, während deutsche Familien sich fruchtlos um eine derartige Miethwohnung bewarben.

---

¹) Flir, geschichtliche Abhandlung.

Als das neue, der Anima gehörige Haus, fertig wurde, bekam nur Ein Deutscher mit Mühe darin Wohnung. Man hob hervor, daß seit einem halben Jahrhundert die Verwaltung des Hospizes eine mangelhafte sei, und daß bei einer zweckmäßigen Gebahrung die Einkünfte desselben leicht zu erhöhen wären. Man tadelte ferner, daß der jeweilige Uditore di Rota für Oesterreich als Reggente der Anima und Vorsitzender der Congregation, wenigstens der Form nach — das Haupt der Anstalt sei, um die er sich — wie um eine Nebensache — wenig kümmere; daß in den Congregations-Versammlungen mehr Italiener als Deutsche saßen; (im Jahre 1854 befanden sich unter den fünf Mitgliedern der Congregation wohl 4 Oesterreicher, von denen aber keiner ein Deutscher war); daß der jeweilige Rector der Anima, der in der Regel zugleich deutscher Prediger war, weder Sitz noch Stimme in der Congregation hatte, und somit selbst in geistlichen Dingen von der aus Laien-Mitgliedern bestehenden Congregation abhängig war.

Derlei Klagen wurden in Wien vernehmbarer, nachdem der aus Rom 1848 geflüchtete Rector Sebastian Reichart — als Schloßcaplan von Schönbrunn — von den dortigen Verhältnissen erzählte. Der damalige Minister Fürst Schwarzenberg forderte ihn auf, seine Erfahrungen und Rathschläge in einem Promemoria bekannt zu geben, was jener 1850 auch that. Ueber den Inhalt dieses Promemoria schrieb mir Herr Sebastian Reichart: „Ich bedaure keine Abschrift davon zu haben. Ich übergab es persönlich in die Hände des Fürsten Felix Schwarzenberg, damaligen Ministerpräsidenten und Ministers der auswärtigen Angelegenheiten. In diesem Promemoria habe ich die Verhältnisse der Anima weitläufig auseinandergesetzt: die Leitung derselben, die Mitglieder der Verwaltung (Congregation), die Häuser, welche der Anstalt gehören und die um die Kirche herum eine ganze Insel bilden, dann die andern in der Stadt zerstreuten Häuser, die Einkünfte der Anima, die fast ausschließlich italienische Verwaltung, da außer dem Botschaftsrath Herrn v. Ohms und dem Caplan der päpstlichen Schweizergarde Monf. Curtens kein Deutscher sich darin befand. Ich führte weiter aus, wie es wünschenswerth wäre, daß die kaiserliche Regierung sich um diese so schöne Stiftung mehr interessiren möchte. Ich zeigte, wie andere Nationalanstalten in Rom von nationalen Priestern versehen und verwaltet werden, und in welch blühendem Zustande sie seien; wie sie in dieselben immer junge Priester aus ihren respectiven Ländern aufnehmen, welche sich in Rom ausbilden, und die nach etwa zweijährigem Aufenthalt wieder zurückkehren, um Anderen Platz zu machen. So gebe es in Rom ein englisches, ein irländisches, ein belgisches Collegium und andere. Das belgische Collegium, welches von den sieben Bischöfen Belgiens ganz allein erhalten wird, sei besonders blühend. Für das deutsche Element, sagte ich weiter, geschehe gar nichts, und sei diese so gut dotirte Anstalt die allererbärmlichste in ganz Rom, und nur unter dem Namen „all'anima" bekannt; daß es aber ein deutsches Institut sei, wisse in Rom Niemand. Ich erinnerte dann, wie schön es wäre, wenn diese Anstalt auch deutschen jungen Priestern aus den deutschen Diöcesen zugänglich gemacht würde, und die

Bischöfe ein oder den andern deutschen Priester auf ein paar Jahre zur Ausbildung nach Rom schicken würden; die Kosten wären unbedeutend, da die Meßstipendien durch gute Fundationen für 8 oder 9 Priester täglich vorhanden sind; auch könnten die jungen Priester zu andern Functionen in dieser Kirche verwendet werden, die alle gut remunerirt sind. Alle diese für Deutsche gestiftete Emolumente genößen jetzt italienische Priester" u. s. w. Leider starb Fürst Schwarzenberg zu schnell und die Sache blieb liegen. Doch bleibt dem Hochwürdigen Herrn Sebastian Reichart das Verdienst dem deutschen Wesen der Anima die Bahn gebrochen zu haben, indem er bewirkte, daß deutsche Rectoren dort angestellt wurden [1]).

Als Flir nach Rom kam, fand er sich in seiner Stellung als deutscher Prediger anfangs sehr unbehaglich. Man hatte ihn zu Wien ausnahmsweise zum Rector des Hospizes ernannt, was aber die Congregation etwas übel aufnahm, und auch dadurch kundgab, daß sie ihn, „um der Willensmeinung der kaiserlichen Regierung nachzukommen" ebenfalls (also zum zweiten Mal) zum Rector ernannte. Flir berichtete darüber an den Referenten in geistlichen Angelegenheiten in Wien, und beklagte sich über seine unangenehme Stellung als Rector; er sei mit Verantwortung überhäuft und entbehre aller Macht und Selbstständigkeit; er dürfe keinen fremden Prediger einladen, einen fremden Priester nur aufnehmen, wenn er zu Fuß nach Rom komme, Niemand zu Tisch laden u. s. w.

---

[1]) Sebastian Reichart 1842—1848 Rector und deutscher Prediger zu Rom, ist gegenwärtig Dechant und Pfarrer zu Haag in der Diöcese St. Pölten.

Wenn es so bleibe, äußerte er sich freimüthig, so werde er bald einem Anderen seine Stelle einräumen. Zugleich sprach er unparteiisch seine Bedenken über das zu exclusiv österreichische Protectorat aus. In seiner jetzigen Gestalt bringe das Hospiz so viel wie keinen Nutzen, eine Reform desselben sei unerläßlich ¹). Flir verstand es sehr gut die Oeffentlichkeit für seine guten Absichten zu benützen, indem er seinen geheimen Klagen bei der Regierung zu Wien durch Correspondenzen in verschiedenen Journalen Nachdruck gab. Aehnliche Klagelieder hatten wohl auch seine Vorgänger im Amte gesungen, nur daß dieselben in der Ungunst der Zeitverhältnisse gänzlich überhört wurden.

Auch die jetzt öfter als früher nach Rom kommenden Deutschen beklagten sich, daß sie in dem deutschen Nationalhospize das nicht fanden, was sie erwarteten. Das Hospiz besitze ein so großes Vermögen, und doch dürfe ein Pilger nicht länger als drei Tage verbleiben; die Pilger hätten sich vermindert, das Einkommen dagegen vermehrt, und doch müßten Deutsche oft herumirren, bis sie eine Herberge fänden; für Nichtösterreicher sei die Aufnahme in das Hospiz eine Gnadensache, was gewiß dem Geiste der Stiftung nicht entsprechend sei. Etwa Erkrankende müßten entweder in das allgemeine Spital S. Spirito wandern, wo sie keinen deutschen Beichtvater fänden, oder in das preußische Krankenhaus auf dem Capitol, wo sie unter protestantischer Umgebung die Tröstungen des katholischen Glaubens entbehrten.

---

¹) ddo. 19. Oct. 1853 (Staatsarchiv zu Wien).

Selbst einige deutsche Regierungen protestirten gegen den exclusiv österreichischen Charakter des Hospizes, und verlangten das Recht des Mitgenusses auf das ursprünglich deutsche Nationalhospiz. Oefters kamen Fälle vor, daß von in Rom accreditirten Gesandten einzelne Pilger und Reisende ihrer respectiven Staaten an den österreichischen Gesandten empfohlen wurden, und daß dieser erst mittelst eines von ihm ausgestellten Billetes die Aufnahme in das Hospiz der Anima anwies. — Aber nicht nur die fremden Deutschen, welche nach Rom kamen, beklagten sich über die sonderbare Einrichtung des Hospizes, sondern auch die in der Stadt Rom ansässigen Deutschen. Sie wendeten sich in einer eigenen Eingabe an die deutschen Cardinäle mit der Bitte, daß das altehrwürdige Hospiz der Anima, welches im Laufe der Zeit von seiner ursprünglichen Grundlage und stiftungsmäßigen Wirksamkeit abgewichen war, durch ihre Verwendung wieder im Geiste der ursprünglichen Stifter verwaltet werden möge [1]).

Natürlich konnte die Congregation jenen Klagen gegenüber nicht schweigen; denn sie betrachtete sich in ihrem vollen Rechte — und war es theilweise auch. Deshalb vertheidigte sie sich (ohne etwelche Mißbräuche und Unzukömmlichkeiten zu leugnen) gegen die ungegründeten und übertriebenen Klagen. Sie wies nach, daß der dermalige Provisor Cav. Fabris zwar nicht die österreichische Bürgerschaft besitze, aber um die Anstalt hochverdient sei; alle Capläne seien Oesterreicher, nur einer

---

[1]) Nach mündlichen Mittheilungen.

ein Schweizer; alle Beamten der Anstalt mit Ausnahme des Zinseinnehmers (ein Italiener) seien Oesterreicher; die Verwaltung sei tadellos, wie die Rechnungsausweise darthun; auch für die Disciplin des Hospizes sei durch eigene Statuten vorgesorgt worden [1].

Mehr jedoch als alle Klagen über den Verfall des Hospizes bewirkte die Entdeckung des alten Verbrüderungsbuches der Anima, aus welchem die ursprüngliche Bestimmung des Hospizes, und das Abweichen von den alten Statuten klar nachgewiesen werden konnte. Die Nothwendigkeit einer Reorganisirung der Anstalt war damit von selbst gegeben. Wir schalten daher an dieser Stelle als Uebergang zu dem dritten Abschnitte des Buches ein:

Das aufgefundene Confraternitätsbuch der Anima.

Zum Zustandekommen der Reorganisirung der Anima trug nicht wenig die Entdeckung des alten Verbrüderungsbuches der Anima in der verwahrlosten Bibliothek des Hospizes bei, welche dem daselbst 1851 wohnenden deutschen Priester Mathias Kirchner aus Cöln zu danken ist. Der sel. Rector Flir — die Wichtigkeit des Buches erkennend — nahm sich die nicht geringe Mühe dasselbe

---

[1] Eingabe an die österreichische Regierung im Jahre 1853. Das Regolamento disciplinare per gli I. R. Stabilimenti nazionali austriachi di S. Maria dell'Anima bestand aus zehn Capiteln. 1. Disposizioni generali. 2. Della vita comune. 3. Attribuzioni del R. Rettore. 4. del Sagrestano. 5. del Capellano dei Pellegrini. 6. del Economo. 7. Bibliotecario e Catechista. 8. Doveri dei Chierici. 9. dei Inservienti. 10. del maestro di casa.

selbst zu copiren, und rief, als er die Arbeit vollendet hatte, aus: „Das war eine sauere Arbeit" [1]). Auch ich habe dieses empfunden, als ich das Confraternitätsbuch im Jahre 1861 zu Rom abschrieb. Es war ursprünglich meine Absicht, dasselbe in den von der k. k. Akademie der Wissenschaften zu Wien herausgegebenen Bänden zu veröffentlichen; allein die Akademie lehnte die Aufnahme ab, weil das Confraternitätsbuch „nicht specifisch österreichisch" sei [2]). In dem vorliegenden Buche genügt es auf das hochinteressante Confraternitätsbuch aufmerksam zu machen, und einige statistische Daten daraus mitzutheilen.

Wie oben erwähnt, wurde die Bruderschaft an der deutschen Nationalkirche durch die Bulle Bonifaz IX. im Jahre 1399 ins Leben gerufen. Die Mitglieder derselben mehrten sich dergestalt, daß schon im Jahre 1463 durch Heinrich Marwede aus der Diöcese Verden mit Benützung der älteren Verzeichnisse (liber receptorum) ein förmliches Bruderschaftsbuch errichtet werden mußte [3]). Dieses Buch führte den Titel: „Liber Confraternitatis Beatae Mariae de Anima Teu-

---

[1]) Flir, Briefe aus Rom. S. 108.

[2]) Der Plan der Veröffentlichung ist übrigens noch nicht aufgegeben, und ich sammle von Zeit zu Zeit die biographischen Skizzen der im Confraternitätsbuch eingetragenen alten Deutschen — eine anstrengende aber lehrreiche Arbeit.

[3]) Im Confraternitätsbuch der Anima pag. 78 heißt es: „Henricus Marvede, clericus Verden. dioec. copista, qui omnia nomina fratrum postscriptorum praesenti litera propter Deum solicitante magistro Joanne Lente, provisore hospitalis 1463. 6. Aug. ex aliis libris fraternitatis hujusmodi inventa et conscripta fideliter conscripsit." — Vgl. Dudik, Iter Romanum.

tonicorum de Urbe", und befindet sich gegenwärtig im Besitze des deutschen Nationalhospizes zu Rom. Es ist ein Pergamentband, im rothen Leder gebunden, mit Verschluß, klein Folio, 291 Blätter stark. Der Zweck dieser Bruderschaft war: durch das gespendete Almosen das im Entstehen begriffene Hospiz zum Besten deutscher Pilger zu fördern, und der geistigen Güter der Bruderschaft theilhaftig zu werden [1]).

Der Inhalt des Verbrüderungsbuches liefert merkwürdige historisch-statistische Belege für die Stellung Deutschlands zu Rom, und für den sowohl öffentlichen als persönlichen Verkehr zwischen Deutschen und Italienern, und ist insoferne eine wichtige Quellenschrift. Die chronologische Folge ist manchmal unterbrochen, weil spätere Schreiber auf irgend einen leeren Platz ein späteres Mitglied der Bruderschaft in das Verbrüderungsbuch eintrugen. Die ursprünglich eingetragenen (oder vielmehr aus einem älteren Verzeichniß übertragenen) Namen waren theilweise alphabetisch geordnet. Das Verbrüderungsbuch erscheint bis zum Jahre 1653 fortgeführt, wo es plötzlich aufhört, obwohl noch viele leere Blätter zu Gebote gestanden wären — der Erklärungsgrund liegt in den damaligen (oben geschilderten) Zeitverhältnissen. Ein

---

Wien 1855, der S. 73—76 aus unserem Confraternitätsbuche einige Namen excerpirte.

[1]) „Ob singularem erga gloriosissimam Virginem devotionem, ac patriae et hujus collegii celeberrimi amorem me ascripsi confraternitati S. Mariae de Anima, et pro more aureum coronatum in auro solvi." So liest man bei sehr vielen Namen im Confraternitätsbuche.

neues Buch wurde nicht angelegt, wenigstens ist keines vorhanden. Die von der ersten und derselben Hand eingetragenen Namen reichen bis zum Jahre 1449. Die ersten Folioblätter dienen dem Buche gleichsam als Einleitung. Schon auf der inneren Seite des Einbandes stehen vier Motto aus der h. Schrift, und zwei aus dem Kirchenvater Ambrosius, die sich auf die christliche Wohlthätigkeit beziehen. Die Vorrede bildet ein lateinisches Gedicht in 21 Distichen mit dem Datum „1574, 3. Idus Febr." und der Ueberschrift: „In societatis hujus Germanicae commendationem. Joan. Latomi Bergami Can. Reg. Carmen" [1]. Der Dichter wünscht darin, daß die im schönen deutschen Vaterland uneinigen Deutschen sich in der ewigen Weltstadt Rom einigen möchten, und zwar unter dem Schutze S. Maria de Anima. — Ein späterer Dichter widmete den Stiftern der Anstalt in neun Distichen einen ehrenvollen Nachruf, und schließt mit einer energischen Drohung gegen jene, „qui aliorum memoriam ex hoc libro eradunt aut famosis scholiis deturpant". — Nun folgt die oben bereits angeführte Ablaßbulle. — Auf der ersten Seite befindet sich auch ein Statut für jene Priester, welche in der Kirche der Anima celebriren, und insbesondere für jene, welche von der Anstalt irgend eine Wohlthat genießen, daß sie im Gebete aller Mitglieder der Bruderschaft gedenken sollen. Seite 3 be-

---

[1] „Joannes Latomus, Bergamus, prior in Florono Mariae prope Antverpiam, et congregationis Windemensis ord. Can. Reg. visitator generalis et in urbe legatus. 3. Febr. 1574." (Confraternitätsbuch) der Anima pag. 127).

ginnt die Reihe der Päpste, unter welchen das Hospiz, respective die Bruderschaft bestand, angefangen von Clemens VI. (1342—1352) bis Gregor XV. incl. — Nach etlichen leeren Seiten folgen: „Nomina Illustriss. Domin. Regum et gloriosissimorum Imperatorum Romanorum, Reginarum et Imperatricum tempore hujus hospitalis." Als Erster erscheint Carl IV. — Die Reihenfolge der Kaiser schließt mit Rudolph II. ab. Eigenhändig schrieben sich in das Bruderschaftsbuch ein „Ferdinandus, Archidux Austriac, Roma discedens. 30. May 1598"; und der letzte römisch-deutsche Kaiser „Franciscus mit seiner Gemalin Carolina Augusta 1819" (S. 9). Auf S. 10 werden noch Cristiern König von Schweden 1494 und Carl Alexander de Croy Marchio de Haurech 1598, angeführt. — Von S. 11 —19 stehen die Namen der Cardinäle, Erzbischöfe, Bischöfe, Protonotare, Aebte, Auditore, Pönitentiäre, päpstliche Secretäre, Kämmerer, „nec non spiritualium regum dominorum Marchionum Lantgraviorum, Comitum, Baronum et aliorum magnorum nobilium fratrum hujus hospitalis". Diesen folgen Nomina saecularium, und zwar der Könige, Herzoge, Markgrafen, Landgrafen, Grafen, Barone, Soldatencapitäne, Marschälle und anderer Edlen, wie Senatoren, Consul's ꝛc. und deren Frauen (S. 19—39). — S. 39—73 liest man in langer Reihe die Nomina Religiosorum, und zwar der Magister, Aebte, Prioren, Ordenscommendatare, Procuratoren, Pröbste, Decane, Archidiaconen, Cantoren, Custoden, Domherren, Doctoren, Licentiaten, Abbreviatoren und anderer Schreiber, Gesandter, Generalvicare, Officialen u. f. w. S. 73 wechselt plötzlich die Paginirung des Buches, indem sie von 52 auf 73 springt. Letztere Ziffer ist von älterer Hand, die frühere von späterer Hand, und ist die alte Zahl ausgestrichen. Offenbar fällt das Versehen dem älteren Schreiber zur Last; denn bis S. 39 ist die alte Schrift beibehalten. Anstatt S. 40 paginirte der Schreiber irrthümlich S. 60, was der spätere Schreiber bis S. 72 corrigirte (resp. S. 52), dann aber unterließ. Es ist somit keine Lücke im Buch. S. 73—185 ist der niedere Clerus eingeschrieben, nämlich die Pfarrer, Notare und bei verschiedenen geistlichen Kanzleien Angestellte, die Cursoren, Copisten 2c., die Capläne, überhaupt alle Cleriker. — S. 185 beginnen die Namen der verstorbenen Bruderschaftsmitglieder, und S. 212 sind die Anniversarien verzeichnet. S. 213 folgen Nomina laicorum vivorum und S. 237 Nomina laicorum defunctorum. Die ersteren Blätter sind von gleicher Hand, wahrscheinlich von dem Secretär der Bruderschaft eingetragen, die späteren Mitglieder schrieben sich in der Regel eigenhändig ein. Die ältere Schrift ist charakteristisch durch die in jener Zeit beliebten Abkürzungen; die älteren Initialen sind blau und roth gemalt.

Nach der Darlegung des Inhaltes des Confraternitätsbuches möge noch eine gedrängte statistische Uebersicht über die eingetragenen Mitglieder folgen.

Die Anzahl aller eingeschriebenen Mitglieder beträgt über 3000. Davon gehört über ein Drittel dem geistlichen Stande, und nahezu die Hälfte dem 15. Jahrhundert an. Nach der damaligen Diöcesaneintheilung im deutschen Reiche waren die einzelnen Diöcesen in folgender Progression vertreten. Aus Lavant 1 Mitglied, aus Schwerin 1, Wiener-Neustadt 1, Gurk 2, Leitomischl 2, Havelberg 2, - Seckau 2, Triest 2, Ypern 2, Brandenburg 3, Lunden 3, Olmütz 3, Prag 3, Razeburg 3, Riga 3, Samland 3, Laibach 4, Roschild 4, Schleswig 5, Reval 7, Culm 7, Chur 7, Merseburg 8, Oesel 12, Trient 12, Wien 12, Verden 12, Culm 12, Basel 14, Dorpat 15, Eichstätt 15, Camin 20, Minden 20, Meissen 20, Magdeburg 20, Osnabrück 20, Paderborn 20, Salzburg 20, Brixen 20, Passau 25, Regensburg 25, Speier 25, Freisingen 25, Straßburg 25, Breslau 30, Worms 30, Bamberg 40, Augsburg 40, Chambrai 40, Ermeland 40, Trier 40, Constanz 40, Halberstadt 40, Lübeck 50, Würzburg 50, Hildesheim 60, Münster 60, Mainz 90, Utrecht 100, Cöln 140, Lüttich 150 [1]). — Dem Stande nach finden sich eingezeichnet 1 Papst, 2 Kaiser, 2 Könige, 3 Erzherzoge, 20 Cardinäle, 130 Bischöfe (Erzbischöfe, Weihbischöfe), 20 Herzoge und Churfürsten, 50 Fürsten und Grafen, 70 Barone, 200 Ritter und Adelige [2]), 20 Ordensritter, 30 Patrizier aus Freistädten, 800 Domherren (Pröbste, Decane rc.), 20 Aebte, 100 Priester (Pfarrer und Capläne), 20 Mönche, 200 Clerifer [3]), 400 Beamte

---

[1]) Mitunter in abgerundeten Zahlen; nur jene Mitglieder sind hier gezählt, welche ihre Diöcese selbst angaben.

[2]) Nicht eingerechnet die Adeligen geistlichen Standes.

[3]) Viele der in Rom angestellten deutschen Beamten (bei der Rota, Curie) gehörten dem clericalen Stande durch die minderen

(Gesandte, Räthe, Notare, Advocaten, Abbreviatoren, Registratoren, Secretäre, Procuratoren, Scriptoren, Translatoren, Copisten), 40 Gelehrte und Künstler, 13 Doctoren der Medicin, 100 Frauen, 100 Kaufleute und Handwerker [1]), 50 höhere Officiere, 50 als Dienerschaft. Bei den übrigen Namen ist entweder gar keine Charakterangabe vorhanden, oder sie sind unleserlich. Der Nation nach haben sich eingezeichnet als Franzosen 20, als Italiener 20, als Ungarn 10, als Polen 6, als Schweizer 6, als Spanier 6. Alle übrigen gehörten dem ehemaligen großen deutschen Reiche an, etwa ein Drittel davon dem jetzigen Belgien und Holland — darunter die berühmtesten Namen der deutschen Kirchengeschichte.

Es ist leicht begreiflich, daß bei einer — wenn auch nur oberflächlichen Kenntnißnahme dieses alten Confraternitätsbuches die Wahrheit der Thatsache sich laut geltend machen mußte, daß das deutsche National-Hospiz von seiner ursprünglichen Bestimmung abgewichen, und eine zeitgemäße Reorganisirung desselben ebenso unleugbares Bedürfniß als ein unabweisbarer Act der Gerechtigkeit sei.

Weihen an; einige (etwa 5) werden sogar als „uxorati" angeführt. (Confraternitätsbuch pag. 29. 30. 80. 118).

[1]) Zumeist Bäcker, Schuster, Schneider, Schmiede, Tuchmacher, Sattler, Barbierer ꝛc. Die Bäcker sollen eine separate Bruderschaft gebildet haben; mir mangeln jetzt die Quellen, es definitiv nachzuweisen.

Dritter Abschnitt.

Reorganisirung der Anima.

Nothwendigkeit derselben.

Die Nothwendigkeit einer Reorganisirung des deutschen Hospizes zu Rom stellte sich, wie im zweiten Abschnitt dargethan wurde, immer klarer heraus. So sehr auch die österreichische Regierung auf die Erhaltung des Hospizes bedacht war, so konnte man sich doch nicht verhehlen, daß die dermalige Organisirung der Anima weder den Intentionen der frommen Begründer, noch den Bedürfnissen der Jetztzeit entsprach. Mehrere günstige Umstände trugen dazu bei, daß das schwierige Werk, bei welchem weltliche und kirchliche Interessen wohl zu beachten waren, muthig begonnen und glücklich vollendet wurde. Es obliegt dem dritten Abschnitt dies zu beweisen.

Das Entgegenkommen Oesterreichs.

Bisher hatte die österreichische Regierung die ehrliche Ueberzeugung gehegt, daß das Hospiz der Anima zu Rom ein österreichisches Institut sei. Als jedoch die Klagen von verschiedenen Seiten sich vernehmen ließen, daß ganz Deutschland rechtliche Ansprüche darauf habe, verschloß sie keineswegs das Ohr den lautsprechenden Gegengründen, und befahl schon im Jahre 1850 eine unbefangene und gerechte Untersuchung der Wahrheit. Die politischen Verhältnisse waren gerade günstig; denn nach den Ereignissen des aufregenden Jahres 1848 sehnte sich Alles nach einer Consolidirung der mit vielen Opfern gewonnenen Ruhe.

Der damalige Gesandte Oesterreichs am päpstlichen Hofe, Graf Esterhazy, übertrug — die Complicirtheit des Gegenstandes erkennend — dem bei der österreichischen Gesandtschaft als Legationsrath angestellten Conte Gozze [1]), der als Congregationsmitglied mit den Verhältnissen der Anima ganz vertraut war. In den officiellen Antworten an die k. k. Regierung stellte Letzterer Anträge, die aller Beachtung würdig schienen. Zwar sei die Verwaltung des Hospizes tadellos, aber ein zweckmäßigerer Gebrauch mit den Einkünften des Hospizes sei nothwendig; die Befugnisse des Rectors seien zu erhöhen; brave Geistliche aus Deutschland mögen dahin gesendet werden; die Disciplin des Hauses sei zu reguliren; von dem jährlichen Ueberschusse von 4000 Scudi könnte ein Krankenspital für Deutsche errichtet werden; der jeweilige Rector müsse ein angesehener Mann und mit den römischen Verhältnissen vertraut sein; eine tiefeingehende Reform sei

---

[1]) Conte Gozze, geboren zu Ragusa, ein treuer Anhänger Oesterreichs, lebt gegenwärtig (außer diplomatischem Dienst) als Maltheserritter zu Rom.

vom specifisch österreichischen Standpunkte nicht zu empfehlen ¹). — Ein theilweises Einlenken von Seite der Congregation ließ sich bereits aus mehreren Thatsachen entnehmen. So wurden z. B. wieder deutsche Priester als Capläne angestellt, und 1852 trat der letzte italienische Caplan aus; doch hielt man stets an dem Grundsatze fest, daß die Mehrzahl der Capläne aus österreichischen Unterthanen bestehen solle ²).

Als Flir Rector der Anima wurde, unterließ er es nicht, die österreichische Regierung auf die dringende Nothwendigkeit einer Reform des Hospizes aufmerksam zu machen. In den Vorschlägen, welche er derselben machte, betonte er vor Allem: das Hospiz sogleich als ein deutsches und nicht mehr als ein österreichisches zu bezeichnen; ferner sobald als möglich die Stelle der jetzigen Congregation durch eine andere aus Oesterreichern und Nichtösterreichern zu ersetzen; dann auf Wiedererweckung der alten Bruderschaft hinzuwirken; endlich eine apostolische Generalvisitation einzuleiten, um die Reorganisirung des Hospizes auf feste kirchliche Grundlage zu stellen ³).

Inzwischen hatte die Eingabe der zu Rom lebenden Deutschen an die deutschen Cardinäle (vgl. oben) die Aufmerksamkeit der österreichischen Regierung verdoppelt. Sie fand es ihrer Würde und selbst dem Interesse Oester-

---

¹) Conte Gozze an die österreichische Staatskanzlei 1853.

²) Als in Folge des in Baiern angeregten Studiums der Kunst eine große Anzahl von Baiern das Hospiz benützte, wurde von der Congregation beschlossen, die Aufnahme der Baiern zu beschränken. 28. Jänner 1840.

³) Correspondenz Flir's mit der Regierung in Wien.

reichs entsprechend, die Initiative zu ergreifen, und eine strenge Untersuchung über den Stiftungszweck und den gegenwärtigen Rechtszustand des Hospizes zu veranlassen. Ja noch mehr; auf die (noch nicht erwiesene) Behauptung hin, daß das altehrwürdige Hospiz von seiner stiftungsmäßigen Wirksamkeit abgewichen, und daß es keine rein österreichische Anstalt, sondern ursprünglich eine kirchliche für alle Deutschen gemachte Stiftung sei, verordnete Kaiser Franz Joseph I., daß von nun an nicht-österreichische Deutsche — ohne vorläufige Anfrage beim österreichischen Gesandten — in das Hospiz aufzunehmen seien, und daß die Aufnahme nicht mehr als eine Begünstigung, sondern als regelmäßiges Recht zu gelten habe; auch sei die Kirche der Anima nicht mehr österreichische, sondern deutsche Nationalkirche zu nennen [1]).

Der Eindruck, welchen diese allerhöchste Resolution bei allen Katholiken Deutschlands machte, war ein sehr guter. Es war dieselbe aber nur die Vorläuferin eines noch weit wichtigeren und wahrhaft entscheidenden Schrittes. Um eine haltbare rechtliche Grundlage für alle Zukunft, und damit die Bedingung einer gedeihlichen Fortentwicklung des Hospizes zu erlangen, beschloß die österreichische Regierung im Einverständnisse mit dem h. Stuhle die Verhältnisse der Anima zu regeln. Als das einfachste und sicherste Mittel dazu erschien eine apostolische Generalvisitation. Der Minister des Aeußeren Graf Rechberg erstattete einen Vortrag darüber an Se. Majestät den Kaiser, welcher das Vorhaben gnädigst bestätigte. In

---

[1]) 9. März 1854. Correspondenz in der Allgem. Zeitung.

Folge einer Note aus Wien ddo. 12. April 1854 begab sich der österreichische Graf Gozze zum Cardinal-Staatssecretär Antonelli, um ihn von der Absicht der Regierung zu informiren: durch den h. Vater eine apostolische Generalvisitation vornehmen zu lassen, damit auf solche Weise eine Reorganisirung des Hospizes der Anima eingeleitet werde.

Daß Oesterreich die Initiative ergriff, muß ihm in jeder Hinsicht als hohes Verdienst angerechnet werden. Es war eine wahrhaft kaiserliche That, daß Franz Joseph frei und ungezwungen dem entsagte, was seine Vorfahren (wohl gegen ihr Wissen) unrechtmäßig in Besitz genommen hatten, ein Act großmüthiger Selbstverleugnung, getreu dem österreichischen Wahlspruche: "Justitia fundamentum regnorum."

Verhandlungen der S. Visita.

Der großmüthige Entschluß des Kaisers Franz Joseph, das Hospiz der Anima auf den ursprünglichen stiftungsmäßigen Charakter unter den durch die veränderten Zeitverhältnisse gebotenen Modalitäten auf dem kirchlichen Wege einer apostolischen Generalvisitation (sagra Visita) zurückzuführen, fand bei Papst Pius IX. lebhafte Anerkennung. Er ernannte am 8. Juli 1854 den Cardinal Brunelli, der als gründlicher Canonist, gewandter Diplomat (früher Nuntius in Madrid) und erfahrener Geschäftsmann (durch lange Zeit Secretär der Propaganda) bekannt war, zum Visitator. War die Wahl der Persönlichkeit des Visitators überhaupt von

Wichtigkeit, so war die getroffene Wahl insbesonders eine für Oesterreich glückverheißende, weil man allgemein wußte, daß der Cardinal Oesterreich freundlich gesinnt war. Als Convisitatoren wurden ihm die beiden Uditori für Oesterreich beigegeben, Monsignore Silvestri und Monsignore Gianelli; dann als Repräsentant der deutschen Nation der geheime Kämmerer Sr. Heiligkeit Prinz Hohenlohe und der damalige Rector der Anima Dr. Flir. Da auch Belgien berechtigte Ansprüche auf das Miteigenthum am Stiftungsvermögen des Hospizes erhob, so wurde noch der Rector der belgischen Kirche Monsignore Felix de Neckere als Convisitator beigegeben [1]).

Am 1. August 1854 eröffnete dieselbe ihre Amtsthätigkeit. Gleich in der ersten Sitzung wurde eine quellenmäßige geschichtliche Abhandlung des deutschen Nationalinstitutes de Anima als Vorbereitung für nothwendig erkannt, und mit Abfassung derselben Rector Flir beauftragt, der sich mit der ihm eigenen literarischen Gewandtheit an die verwickelte Aufgabe machte. Die Liebe zur Sache und dem Hospize, dem er so ehrenvoll vorstand, leiteten ihn dabei. Er durchstöberte das Archiv der Anima, zu welchem ihm die Schlüssel übergeben wurden; er forschte (unterstützt von P. Theiner) in allen Archiven Roms nach den einschlägigen Behelfen, und sammelte mit wahrem Bienenfleiß die Materialien zu einem Elaborate, das mit den quellenmäßigen Notaten und Beilagen 735 Folioseiten füllte. Aus diesem weitläufigen

---

[1]) Correspondenz der Allgem. Zeit. aus Rom.

Elaborate veranstaltete er einen etwa 10 Bogen starken Auszug in vier Exemplaren unter dem Titel: „Wesentliche Resultate der im Auftrag der S. Visita verfaßten geschichtlichen Abhandlung über die Kirche und das Hospiz S. Maria dell'Anima in Rom", welcher am 12. October 1855 dem Cardinal für die S. Visita übergeben wurde [1]).

Die Thätigkeit der Generalvisitation, welche durch Ernennung des Cardinals Brunelli als Bischof von Osimo (1856) und wohl auch durch mancherlei Einstreuungen von Seite Belgiens und anderer Staaten ins Stocken gerathen war, nahm durch Ernennung des Cardinals Graf Reisach als apostolischen Generalvisitators einen erfreulichen Fortgang. Seine gründliche Kennt-

---

[1]) Zwei dieser Exemplare habe ich selbst eingesehen, und bei Ausarbeitung dieses Buches benützt, wie das gewissenhaft angegebene Citat: „Flir's geschichtliche Abhandlung" ꝛc. beweiset. Wohin das große Elaborat mit den 735 Folioseiten gekommen, ist mir unbekannt. In einem Briefe ddo. 4. Jänner 1854 schrieb Flir, daß er eine (ausführliche) Geschichte der Anstalt schreiben wolle, „für die Sagra Visita genügt natürlich eine Skizze dessen, was Rechtsfrage ist" (Flir, Briefe aus Rom. S. 24). Auf welche Art Flir seine Geschichte der Anima bearbeiten wollte, geht aus einem Briefe ddo. 15. April 1856 hervor, wo er schreibt: „Ich gedenke drei Abtheilungen zu machen; in der ersten gebe ich den Text der Geschichte; in der zweiten die Urkunden nebst kritischen Notizen; in der dritten möchte ich einige Biographien berühmter Männer, die sich um unsere Anstalt verdient gemacht, zusammenstellen." (Briefe aus Rom. S. 46). Und S. 75: „Den Urkundenband werde ich vermuthlich in einer kleineren Exemplaren-Zahl auflegen lassen." . . „Ich bin mit den Excerpten der einschlägigen Zeitgeschichte erst im Jahre 1536" (S. 125).

niß der deutschen kirchlichen Verhältnisse war bei Reorganisirung des Hospizes von ebenso großem Werthe als das hohe Vertrauen, welches die österreichische Regierung dem damaligen Rector der Anima, Dr. Flir, schenkte. Am 16. April 1857 hatten die Convisitatoren die erste Sitzung bei Cardinal Reisach¹). Flir correspondirte selbst mit dem österreichischen Cultusminister, Graf Leo Thun, und stand mit dem neuen Visitator auf freundschaftlichem Fuße, was das Zustandekommen der Reform ungemein förderte. Von Flir besonders ging der Gedanke aus, daß der ursprüngliche Stiftungszweck dem Geiste der ursprünglichen Stifter entsprechend ex auctoritate apostolica erweitert werde. Für die Realisirung dieses Gedankens arbeitete er ebenso thätig durch seine geistvolle Conversation am päpstlichen Hofe, wie durch seine mitunter etwas spitzige Feder in Briefen an einflußreiche Personen und öffentliche Blätter. Bald beschäftigte sich die öffentliche Meinung von ganz Deutschland mit der in Schwebe befindlichen Reorganisirung des deutschen Nationalhospizes zu Rom. Flir gestand selbst, daß die Vorsehung die maßgebendste Einwirkung für eine großartige Gestaltung der Anima in seine Hände gelegt habe ²).

In Folge eines von Flir erwirkten Beschlusses des Generalvisitators Cardinal Reisach wurde die bisherige Congregation vorläufig in ihrer Eigenschaft belassen, jedoch mit der Beschränkung, daß sie nicht die Administration des Hospizes, sondern die Eigenthumsrechte des-

---

¹) Flir, Briefe aus Rom. S. 74.
²) Flir, Briefe aus Rom. S. 51.

selben zu besorgen, d. h. in Kirche und Haus nichts mehr zu schaffen habe ¹). Zugleich wurde derselben eröffnet, daß die Generalvisitation nicht etwa wegen bestehender Mißbräuche, oder der Congregation zu Schuld fallender Fehler, sondern lediglich nur auf Wunsch des erhabenen Protectors, dem Hospize eine zweckmäßige und den Bedürfnissen der Zeit mehr anpassende Einrichtung zum gedeihlichen Nutzen der gesammten deutschen Nation zu geben, vorgenommen werde. Die damalige Congregation bestand aus folgenden Mitgliedern: 1. Monsignore Silvestri, Uditore di Rota für Oesterreich als Regens. 2. Comendatore de Fabris, aus dem Venetianischen, seit 1836 Secretär. 3. P. Albuin Patscheider, General der Serviten aus Tirol, seit 1848 Provisor über Kirche und Sacristei. 4. Giuseppe Cavaliere de Palomba, kais. Legationssecretär, seit 1850 Provisor. 5. P. Alexander Campus, Minorit und Pönitentiar bei St. Peter aus Ungarn, seit 1851 Pilgerprovisor. 6. Dr. Alois Flir aus Tirol, seit 1855 Rector und Provisor. 7. Ritter von Raymoud, kais. Legationsrath, seit 1856 Provisor.

Inzwischen ging eine Aenderung in der Person des österreichischen Gesandten zu Rom vor sich, ebenfalls eine günstige Constellation; denn der neue Gesandte Graf Colloredo zeigte sich voll Eifer für die Wiederherstellung des deutschen Elementes an dem Hospize ²).

---

¹) Flir, Briefe aus Rom. S. 98.
²) Flir, Briefe aus Rom. S. 51.

Von maßgebendem Einflusse auf die Berathungen und Entscheidungen der S. Visita war die von Flir verfaßte historisch-canonistische Abhandlung. Flir selbst schrieb darüber an einen Freund: „Unbefangene Belgier müssen mit meiner Arbeit zufrieden sein. Ich habe mich nur an die Wahrheit gehalten und mich in der Darstellung so unparteiisch behauptet, als es nur möglich war; meine subjectiven Gefühle waren allerdings für Deutschland, aber ich gestattete ihnen keinen ungerechten Einfluß; ich unterdrückte nichts, was zu Gunsten der Gegner ist" [1]). Allerdings gingen die Verhandlungen nicht so rasch vor sich, als Manche wünschten, besonders im ersten Stadium derselben; denn Flir schrieb: „Der h. Vater hat sich bei dem Monf. Silvestri, Präses unserer Verwaltungscongregation, barsch ausgelassen über den langsamen Gang der Sagra Visita der Anima. „„Der Kaiser von Oesterreich hat durch ein eigenhändiges Schreiben diese Commission mir anvertraut, und was geschah nun? was geschieht?"" Silvestri antwortete: Der Rector Flir hat das mühsame Elaborat längst vollendet; es liegt bei Brunelli. „„Dunque lo vedrò."" Das Copiren geht so langsam. Aber wie froh bin ich, daß man die Zögerung mir nicht zur Last legen kann" [2]). Desto energischer nahmen jedoch die Verhandlungen, wie schon früher bemerkt wurde, ihren Verlauf, als an die Stelle Brunelli's Cardinal Reisach zum apostolischen Visitator ernannt worden war.

---

[1]) Flir, Briefe aus Rom. S. 37.
[2]) Briefe aus Rom, ddo. 18. Februar 1856. S. 43.

Ergebniſſe der S. Visita.

Die apoſtoliſche Generalviſitation würdigte vor Allem die hiſtoriſche Thatſache, daß das Hospiz der Anima urſprünglich für die ganze deutſche Nation geſtiftet worden war, und daß der deutſche Kaiſer Jahrhunderte hindurch das Protectorat über dasſelbe ausübte. Da jedoch das deutſche Reich ſeitdem aufgehört hatte, ſo erkannte man in dem Kaiſer von Oeſterreich den Erben der deutſchen Kaiſer und ſprach die Ueberzeugung aus, daß von nun an das deutſche Nationalinſtitut der Anima der ganzen deutſchen Nation, d. h. Allen, die zu den deutſchen Bundesſtaaten gehören, offen ſtehe. Das Protectorat Oeſterreichs wurde ausdrücklich anerkannt. Ein Cardinalprotector ſei als oberſter Leiter und Vertreter der Anſtalt zu beſtellen. Der Rector habe eine ähnliche Stellung, wie der Superior eines geiſtlichen Ordenshauſes einzunehmen. In den Verwaltungsrath ſeien nur Deutſche zu wählen. Nur der deutſchen Nation Angehörige haben Anſpruch auf Verpflegung im Hospize. — Da jedoch der größere Theil der Stiftungen von Niederländern herrührte, ſo wurden die Anſprüche der belgiſchen Regierung dadurch befriedigt, daß die Anima jährlich einen beſtimmten Beitrag an das belgiſche Hospiz zu Rom zu leiſten habe, und daß ſtets ein Belgier Mitglied des Verwaltungsrathes der Anima ſein ſolle.

Die neue Organiſirung der Anſtalt wurde von Cardinal Reiſach entworfen. Nach Behebung unweſentlicher Schwierigkeiten über einige Punkte in Wien wurden die neuen Statuten am 15. März 1859 vom h. Vater vorläufig approbirt [1]). Die neuen Statuten umfaßten neun Punkte, deren kurzer Inhalt folgender ist:

1. Das Hospiz ist für arme deutsche Pilger bestimmt.
2. Recht zur Aufnahme haben die Bewohner der deutschen Bundesstaaten, dann von Belgien und Holland. Die Geistlichen bei der Kirche des Hospizes müssen Deutsche sein. Die belgischen Geistlichen erhalten eine jährliche Zulage von 120 Scudi.
3. Protector ist der Kaiser von Oesterreich, der auch den Rector ernennt.
4. Kirchlicher Protector ist ein Cardinal, von dem der Clerus des Hospizes abhängt.
5. Die Güter des Hospizes werden von einer Congregation administrirt, die aus 5—7 Provisoren deutscher Nation, den Rector an der Spitze, besteht; unter den Provisoren soll stets auch ein Belgier und ein Mitglied der österreichischen Botschaft sein. Die erste Congregation wird vom h. Vater eingesetzt, später erneuert sie sich selbst, doch so, daß die Provisoren alle drei Jahre wechseln. Die Congregation wählt die Beamten, revidirt die jährlichen Conten und legt sie zur Revision dem Cardinal vor; eine Copie der Rechnung ist der päpstlichen Regierung zuzustellen.
6. Ueber den Amtskreis des Rectors.
7. Die Capläne werden auf die Empfehlungen der deutschen Bischöfe vom Cardinal=Protector ernannt

---

[1]) Flir, Briefe aus Rom. S. 121.

und entlassen; sie sollen verschiedenen Diöcesen angehören, vorderhand nicht mehr als vier.

8. Mit der Zeit, wenn die Schulden des Institutes getilgt sein werden, soll eine Art Convict für junge talentirte Priester aus Deutschland unter Aufsicht des Rectors errichtet werden.

9. Die deutsche Bruderschaft soll reorganisirt werden.

Die Verdienste des Cardinals Reisach um das Gelingen der Reorganisirung des Hospizes wurden von Oesterreich dadurch gewürdigt, daß es denselben zum Cardinalprotector des Hospizes ernannte, und zu seiner an sich schmalen Dotation einen Zuschuß von jährlich 3000 Thaler bestimmte. — Aber auch die Verdienste des Grafen Silvestri, der durch so viele Jahre dem Hospiz der Anima als Regens vorgestanden war, wurden von Oesterreich nicht vergessen; denn er wurde zum österreichischen Kroncardinal vorgeschlagen und zum Protector der österreichischen Nation ernannt [1]), wodurch die scheinbare Zurücksetzung desselben bei Vornahme der apostolischen Generalvisitation auf glänzende Weise ausgeglichen wurde. Die volle Sanction der Reorganisirung des Hospizes erfolgte durch das päpstliche Breve „Prae-

---

[1]) Das letzte mit der Würde eines Protector nationis austriacae bekleidete Mitglied des h. Collegiums war Cardinal Albani, welcher hiezu im Jahre 1823 ernannt wurde. Seine Obliegenheit war: die österreichische Kirche und die Bischöfe Oesterreichs im Cardinalcollegium zu vertreten, und im Einverständniß mit dem kais. Gesandten die kirchlichen Interessen Oesterreichs bestens zu wahren. Seine Einkünfte bestanden in Geschenken der neu ernannten Bischöfe bei Erhebung ihrer Einsetzungsbullen.

clara instituta charitatis", welche wir dem ganzen Inhalte nach mittheilen, weil es das erste päpstliche Document in Angelegenheiten des deutschen Nationalhospizes seit dem Jahre 1433 ist.

Apostolisches Breve über die neue Organisirung und Verwaltung des deutschen Nationalhospizes.

Pius P. P. IX.

Ad Perpetuam Rei Memoriam.

Praeclara instituta charitatis, quaeque potissimum in hac Urbe vigerent, omni studio promovere ac tueri Apostolici muneris esse reputarunt Christi vices gerentes in terris Romani Pontifices. Hoc porro factum esse constat de Hospitio Theutonico S. Mariae de Anima nuncupato, quod anno 1399 erectum est in Urbe tum liberalitate Joannis Petri Dortracensis ejusque uxoris dioecesis Trajectensis in Belgio; donatae quippe fuerunt ab ipsis conjugibus tres eorum domus in regione Parionis prope forum Agonale ad exstruendum hospitium pro pauperibus Theutonicae nationis sive in Urbe morantibus, sive ad Urbem adventantibus, tum vero etiam largitate Petri de Niem, Clerici Paderbornensis Apostolicarum Litterarum scriptoris, qui in eundem finem septem domos cum vinea donavit, sic ut alter salutaris hujusce operis auctor jure merito habeatur. Jamvero hujusmodi charitatis institutum ubi primum fundatum est, Apostolicis ipsum Litteris Bonifacius IX. Praecessor Noster commendavit probavitque; Innocentius vero VII. ab omni cujuscumque jurisdictione exemit, et sub peculiari Apostolicae Sedis tutela constituit. Neque minus luculenta paternae sollicitudinis argumenta erga idem Hospitium per consequentes ediderunt aetates Romani Pontifices, Praedecessores Nostri, Eugenius IV., Julius II., Leo X. inprimisque germanicae ejusdem nationis Hadrianus VI., qui variis illud donis ornavit. Porro cum ob praeteritorum temporum vices minime esset labefactatum salutare hujusmodi institutum, quin etiam auctis longe reditibus ad haec usque tempora consisteret, auditae quandoque sunt nonnullorum querelae, Belgarum primum, qui res Hospitii universas, vel magnam saltem partem sibi vindicabant, aliorum autem, qui aegre ferebant, administrationem Hospitii ab Austriacis tantum, et ab Italis potius quam a Germanis geri, nonnullorum denique, qui post tantam rerum germanicarum immutationem, ac tantopere imminuta hominum ad Urbem peregrinantium frequentia, immutandum censerent hospitii regimen, et praesenti temporum ac rerum conditioni accommodandum. Id ubi innotuit Carissimo in Christo Filio Nostro Francisco Josepho I. Austriae Imperatori, et Hungariae Regi Apostolico, qui juxta Antecessores suos pii ejusdem Hospitii patrocinium gerit, preces Nobis deferendas curavit, ut ad novam constituendam ipsius procurationem, ac disciplinam, et communibus votis satisfaciendum curas convertere dignaremur. Nos hujusmodi precibus adnuentes, ut res omnis rite tractaretur, et ad propositum finem componeretur, Apostolicam instituimus Visitationem, cui primum praefecimus dilectum filium Nostrum, Joannem S. E. R. Presbyterum Cardinalem Brunelli, eique ad Auximanae Ecclesiae gubernaculum admoto dilectum item filium Nostrum Carolum S*** R. E. Presbyterum Cardinalem Reisach suffecimus. Itaque Apostolica Visitatio demandatum a Nobis munus aggrediens primum documenta omnia in Archivio Hospitii servata perlustravit, ut compertam haberet illius historiam, atque inde perspexit Apostolicas Litteras tum Bonifacii IX. tum Innocentii VII. Praedecessorum Nostrorum non de Imperio germanico, sed de natione loqui, adeoque postquam germanicum Imperium extinctum est, justum omnino duxit hospitio excipi pauperes catholicos quoscumque, qui nationis et linguae germanicae sunt, neque aliud hospitium in Urbe habeant sive genti, sive civitati suae proprium. Et quum confoederatio Germanica aliquo modo in Imperium successerit, aequum pariter visum est, ut illi etiam hospitio fruantur, qui natura quidem germani non sunt, civili tamen ratione germanis confoederatis adscripti existunt. Novit etiam Apostolica Visitatio jam inde ab Hospitii primordiis piam Confraternitatem ad saeculum usque decimum septimum extitisse, in quam Germani adsciscebantur, sive ad tempus Romam venissent, sive ibidem morarentur, ex qua pia sodalitate cum non exiguo animarum lucro B. Mariae Virginis cultus augebatur. Praeterea quum satis consulat Collegium Germanicum parandis doctrina ac pietate ad sacerdotium juvenibus germanicae nationis, visum est Apostolicae Visitationi optimum fore consilium excipiendi in hospitio juvenes, qui sacerdotio jam aucti theologicas in Urbe disciplinas melius ac perfectius addiscere, et sacrorum negotiorum usum apud Sanctam Sedem, religionis Magistram, cognoscere et assequi velint, unde fieret, ut in dioecesim quisque suam et Romanae Curiae methodum et disciplinam, germanumque sacrae doctrinae sensum transferrent; quod in maximam cederet religionis commoditatem. Hisce itaque perpensis memorata Visitatio Apostolica pro Hospitio Theutonico nova statuta condidit, quae sequentibus articulis comprehenduntur:

1. Il pio stabilimento di S^a Maria dell'anima della Nazione Teutonica, fondato sul fine del secolo XIV. e preso sotto la particolare tutela della S. Sede da Innocenzo VII. di s. m. ha per iscopo il culto divino nella Chiesa annessa allo stesso Stabilimento; l'ospitalità da prestarsi ai poveri pellegrini tedeschi; non che la sovvenzione con limosine e sussidj a poveri di quella Nazione dimoranti in Roma.

2. Nell'ospizio saranno ricevuti tutti i pellegrini cattolici poveri appartenenti alla Confederazione Germanica ed inoltre i Belgi ed Olandesi, che parlano il fiammingo o l'olandese come lingua propria; non che gli altri di origine tedesca, che parlano il tedesco, purchè questi ultimi non abbiano un'Istituto nazionale proprio in Roma. Il clero addetto alla Chiesa di S^a Maria dell'anima sarà scelto trà individui tedeschi, che appartengono agli stati della Confederazione Germanica. Quanto ai Belgi ed Olandesi i quali anticamente aveano il diritto di essere ammessi in questo Clero, si darà loro un compenso con assegnar sulle rendite del pio stabilimento un sussidio annuo

di scudi centoventi per un belgo, ed altrettanti per un olandese da prestarsi al Collegio ecclesiastico Belgico o ad altro stabilimento quantevolte vi siano gl'individui prescelti e mandati dai loro rispettivi Vescovi.

3. Lo stabilimento pio continuerà a stare sotto la protezione dell'Imperatore d'Austria. La stessa Maestà Sua oltre le preeminenze ed onori che finora ha goduto, avrà il diritto di nominare alla S. Sede il Rettore di detto pio stabilimento.

4. Un Cardinale de S. R. C. sarà deputato da Sua Santità in Protettore ecclesiastico del pio stabilimento. Egli sorveglierà l'amministrazione delle proprietà del medesimo, non che la direzione ed amministrazione della Chiesa e dell'ospizio; e da esso dipenderà il Clero in tutto ciò che non spetta alla giurisdizione ordinaria del Cardinal Vicario.

5. I beni dello stabilimento pio saranno amministrati sotto la sorveglianza ed autorità del Cardinal Protettore da una Congregazione di Provisori Nazionali, alla quale presiederà lo stesso Rettore dell'ospizio, che perciò ne sarà sempre membro. I Provisori verranno scelti tra i Nazionali Tedeschi ecclesiastici o secolari oriundi dagli Stati della Confederazione Germanica domiciliati in Roma. Tra questi vi sarà sempre un belgo, od olandese ad oggetto di sorvegliare la soddisfazione degli obblighi verso quella Nazione ed uno dell'ambasciata d'Austria presso la S. Sede. Il numero dei Provisori non sarà maggiore di sette, nè minore di cinque. Per la prima volta la Congregazione verrà composta auctoritate Apostolica. In seguito avrà la medesima il diritto di rinnovarsi coll'elezione dei nuovi Provisori. Ogni triennio la metà del corpo dei Provisori cesserà dalle sue attribuzioni: ciascheduno però di essi potrà essere rieletto. Gli scelti dalla Congregazione dovranno essere confermati dal Cardinal Protettore. Questa Congregazione amministrerà secondo le leggi canoniche i fondi e beni dello stabilimento pio; sceglierà e rimuoverà i ministri impiegati nell'amministrazione di tali beni, e li sorveglierà nell'esercizio del loro officio. Si eccettua però l'amministrazione della Chiesa e dell'ospizio, come si dirà a suo luogo. Il rendiconto annuo

sarà riveduto dalla Congregazione, la quale lo presenterà colle sue osservazioni al Cardinal-Protettore per l'approvazione definitiva, dopo la quale si communicherà la copia relativa all' I. R. Governo. La medesima Congregazione dipenderà dal consenso del Cardinal-Protettore in quanto alla mutuazione dei fondi, ed alle spese straordinarie, previa l'autorizzazione della S. Sede nei casi necessarj.

6. Il Rettore scelto che sarà dalla Maestà dell'Imperatore, verrà confermato con beneplacito Apostolico dal Cardinal-Protettore; e saranno fatte istanze alla Santità di nostro Signore di volerlo per maggior decoro della Nazione, e stabilimento Teutonico annoverare tra i suoi Prelati Domestici. Compete al Rettore come superiore immediato della Chiesa e dell'ospizio: 1. la scelta, ammissione e congedo degl'inservienti della Chiesa e dell'ospizio; 2. la direzione del Clero quivi addetto assegnando a ciascuno il proprio officio; 3. la sorveglianza sulla disciplina domestica e sul esercizio dei rispettivi officj, si dei ecclesiastici, che dei laici: 4. la cura delle cose spettanti al culto divino nella Chiesa e l'esatto adempimento degli obblighi annessi; 5. l'amministrazione temporale della Chiesa, e dell'ospizio dietro un preventivo delle spese ordinarie annualmente stabilito dalla Congregatione ed approvato dal Cardinal-Rettore. Il Rettore riceverà perciò per ordine della stessa Congregazione mensilmente una rata della somma totale approvata nel detto preventivo per coprire le spese straordinarie non prevedute nel preventivo, il medesimo dovrà sentire la Congregazione ed aspettarne la risoluzione, eccettuati i casi di urgenza, nei quali s'intenderà col Cardinal-Protettore. Alla fine di ciascun anno presenterà il suo rendiconto al Cardinal-Protettore il quale coll' ajuto di due Provisori a sua scelta lo rivedrà per la definitiva approvazione insieme col rendiconto della Congregazione sull' amministrazione dei beni del pio stabilimento. Per supplire le veci del Rettore in sua assenza verrà scelto a suo Vicario uno dei Cappellani a proposta del Rettore stesso, e con ferma del Cardinal-Protettore.

7. L'ammissione e dimissione dei Cappellani spetta al Cardinal-Protettore. Detta amissione verrà fatta dietro le raccommandazioni dei Vescovi della Germania, avendosi riguardo che l'elezione cada sopra individui di diverse diocesi. — Per ora il numero dei Cappellani sarà di quattro, non permettendone un maggior numero lo stato economico dello stabilimento.

8. Si congiungerà col pio stabilimento quanto prima sarà possibile un convitto per quei Sacerdoti che i rispettivi Ordinari degli stati della Confederazione Germanica vorranno mandare per perfezionarsi nei loro studj sacri e principalmente nel diritto canonico e per ammaestrarsi nella pratica dei tribunali ecclesiastici di Roma. Fin d'ora lo stabilimento potrà provvedere in parte il locale per un tale Convitto; e in seguito quando le passività del medesimo stabilimento pio saranno estinte, la metà delle rendite restanti sarà impiegata per allegerire questi sacerdoti nelle spese del loro mantenimento. — I Convittori saranno soggetti alla sorveglianza e direzione del Rettore, e dovranno osservare gli statuti della disciplina domestica stabiliti per il Clero addetto alla Chiesa, e le altre prescrizioni che saranno fatte all'uopo.

9. Si procurerà di riorganizzare nella Chiesa una Confraternità di Nazionali sotto la direzzione del Rettore e coll'assistenza del Clero della Chiesa. Il suo scopo sarà il maggior culto divino e l'esercizio delle opere di pietà e carità christiana. — La riferita Confraternità non avrà nessuna ingerenza nell' amministrazione dei beni spettanti allo stabilimento pio, e nell'elezione dei Provisori i quali però potranno essere eletti tra i membri della medesima. — Essa non avrà beni, ne funzioni proprie, dovendo ogni limosina o lascito far subito parte dei beni dello stabilimento, e conformarsi alle funzioni che si celebrano nella Chiesa.

Iamvero quum Nobis supplicatum fuerit, ut memorata statuta probaremus, Nos rebus omnibus mature perpensis, eadem hisce litteris probamus, ac confirmamus, et Apostolicae Nostrae auctoritatis robur, ac munimen singulis iisdem statutis adjungentes ipsa ab omnibus servari et custodiri mandamus, decernentes, has Litteras firmas validas et efficaces existere et fore suosque plenarios et integros effectus sortiri et obtinere, ac illis ad quos spectat, et pro tempore quandocumque spectabit plenissime suffragari; sicque in praemissis per quoscumque judices ordinarios et delegatos etiam Causarum Palatii Apostolici Auditores judicari et definiri debere, ac irritum et inane, si secus super his a quoquam quavis auctoritate scienter vel ignoranter contigerit attentari. Non obstantibus Apostolicis Constitutionibus et ordinationibus, nec non memorati Hospitii Theutonici etiam juramento confirmatione Apostolica vel quavis firmitate alia roboratis statutis et consuetudinibus, ceterisque contrariis quibuscumque.

Datum Romae apud Sanctum Petrum sub Annulo Piscatoris die XV. Martii MDCCCLIX. Pontificatus Nostri Anno Decimo tertio.

V. Card. Macchi [1]).

Alois Flir.

Die Reorganisirung der Anima ist mit dem Namen eines Mannes so innig verflochten, daß wir ihm in diesem Buche eine besondere Aufmerksamkeit widmen müssen, weil ohne ihn das große Werk wohl kaum zu Stande

---

[1]) Das Original befindet sich im tabulario Secretariae Brevium zu Rom.

gekommen wäre. Dieser Mann ist Dr. Alois Flir, geboren 1805 zu Landeck in Tirol. Er erhielt seine Bildung in Tirol und Wien, wurde Priester und kam sehr bald (1835) als Professor der classischen Literatur und Aesthetik nach Innsbruck. Sein gemüthliches Wesen, sein liebenswürdiger Charakter, seine tief angelegte poetische Natur, seine classische Bildung und sein umfassendes Wissen, sein freimüthiges selbstständiges Urtheil und seine schwungvolle Beredsamkeit, seine literarische Thätigkeit verschafften ihm die hohe Achtung seiner Collegen und Schüler. Im Jahre 1848 kam er als Abgeordneter in die deutsche Nationalversammlung und hielt in der Frankfurter Domkirche die Leichenrede auf die in Italien gefallenen Oesterreicher, welche einen gewaltigen Eindruck machte. — Am 9. Juli 1853 wurde er zum deutschen Prediger und „k. k. Rector der deutschen Nationalkirche" in Rom ernannt. Es geschah dies theils auf seinen eigenen Wunsch, nochmehr aber auf Wunsch des damaligen Ministers Graf Leo Thun, welcher von Flir, den er in Wien bei Ausarbeitung eines neuen Studienplanes für die österreichischen Universitäten berathen hatte, die Erwartung hegte, daß durch ihn die altehrwürdige Anstalt der Anima wieder in besseren Stand gesetzt werden könnte [1]). Flir wurde mit 1000 fl. Gehalt beurlaubt und zog — 48 Jahre alt — im September desselben Jahres nach Rom, um sein neues Amt anzutreten. Am 22. October hatte er die erste Audienz bei Pius IX., der ihn bald liebgewann.

---

[1]) Beilage zu Nr. 129 der Allg. Zeit. 1864.

Der neue Rector der Anima entwickelte eine bedeutende und echt deutsche Thätigkeit. Es war eine wahrhaft glückliche Wahl. Dr. Flir wußte sich bald die allgemeine Achtung zu verschaffen. Sein Ansehen in Rom und am päpstlichen Hofe war im beständigen Wachsen, wozu nicht wenig seine einflußreichen Verbindungen mit Wien beitrugen. Auch die deutschen Künstler hatten Respect vor seinen archäologischen und kunsthistorischen Kenntnissen, noch mehr aber von seinen Artikeln in der Augsburger Allgemeinen Zeitung. Alles fühlte sich wohl in seiner Nähe, denn seine Conversation war anregend und witzig [1]). Seine Wonne waren die altchristlichen Bauten, die ehrwürdigen Grabstätten, Sagen und Geschichte, die über den heidnischen Ueberresten schwebten, vor Allem aber die auserlesenen Werke der Kunstwelt. Auch der Umgang mit großen Künstlern, die Muße zum Studium, der Gedankenaustausch mit den deutschen Ankömmlingen aus aller Herren Ländern — mit Bischöfen, Professoren, Prinzen und Handwerkern sagte ihm zu. Er fühlte sich mit einem Worte behaglich, daher er auch die ihm angetragene Stellung eines Frankfurter katholischen Pfarrers und Domherrn von Limburg (nach dem Tode Beda Weber's) nicht annahm. „Hier in Rom", schrieb er in einem

---

[1]) Einst fragte ihn ein Cardinal, welche Farbe er der Livrée seiner Bedienten gebe. Flir sagte: „Daran habe ich noch nie gedacht." Jener entgegnete: „Gewöhnlich behalten die Uditori die Farbe ihrer Familie bei." „Dann muß ich meinen Bedienten eine weiße Livrée verschaffen!" „So? Ist dies die Farbe Ihres Hauses?" „Ja, Eminenz, denn mein Vater war ein Müller!" Ein halbes Jahr nach seiner Ernennung lag der neue Uditore im Grab unter einem Stein in seiner geliebten Anima-Kirche.

Briefe, „habe ich die angenehmste Stellung, die sich nur wünschen läßt: Freiheit, Muße, Geld und Achtung; dazu die classische Gegend, die Kunstwerke, Künstler, interessante Gäste, die Großartigkeit des kirchlichen Lebens in seinen Monumenten, Erinnerungen, Functionen, und namentlich in der Centralregierung, die mit der weiten Welt in der engsten Verbindung steht. Dennoch war ich bereitwillig nach Frankfurt zu gehen; das einstimmige Vertrauen der Gemeinde und des Bischofs rührte mich; eine angestrengte Thätigkeit in Predigt und Beichtstuhl, Schule und Krankenbesuch reizte mich; bei den Wälschen und namentlich bei den Römern werde ich mich stets als Fremdling fühlen: mein Herz ist deutsch und schlägt für Deutschland und wird dorthin gezogen. Aber — wenn ich von hier fortgehe, so ist die mühsam gegründete und unter tausend Hindernissen aufgerichtete Neugestaltung unseres Instituts in Gefahr, rasch wieder zu zerfallen; der wunderbare Segen, der mich unterstützte, gilt mir als ein Beweis, daß dieses Werk von Gott approbirt ist; der Kaiser hat mit wahrhaft kaiserlichem Hochsinn der Anstalt und mir so viel Huld erwiesen, als sich nur wünschen ließ; die Statuten der Reform, die der Kaiser selbst postulirt hat, sind ihm eben zur Genehmigung unterbreitet. Wenn ich in diesem Augenblick und unter diesen Verhältnissen um meine Entlassung bäte — wäre ich nicht als ein der Anstalt ungetreuer, als ein gegen den Kaiser undankbarer Mensch erschienen? Ich leistete daher, ohne beim Botschafter oder in Wien anzufragen, auf Frankfurt Verzicht, und gab die eben ewähnten Motive an" [1]).

---

[1]) Flir, Briefe aus Rom. S. 128.

Das war am 23. Juni 1858. Vier Wochen später war Dr. Flir vom Kaiser zum Auditor des Gerichtshofs der römischen Rota und von Sr. Heiligkeit zum päpstlichen Hausprälaten ernannt.

Nun hatte Flir eine hohe und bedeutende Stellung mit 8000 Gulden Einkommen. Er mußte sich glänzend einrichten und juristisch einschulen; er mußte Gesellschaften frequentiren und veranstalten, kirchliche Ceremonien der päpstlichen Kapelle ex offo mitmachen u. s. w., lauter Strapazen, die ihm nicht zusagten. Seine frische Heiterkeit und sein fröhliches Vertrauen auf die Zukunft war seit seiner Amtserhöhung dahin; er fühlte es zu tief, daß er für seinen neuen Beruf nicht das volle Herz und eine ganze Kraft mitbringe. Wenigstens hatte er aber doch die Freude, daß ihm sein liebster Wunsch gewährt wurde, nämlich oberster Vorstand der Anima=Anstalt zu bleiben. Papst Pius IX., der ihm besonders wohl wollte, und die österreichische Regierung gingen in all' seine Wünsche ein. Seine Wohnung wurde auf Kosten Oesterreichs durch den Architect Barvitius glänzend hergerichtet (siehe oben S. 52). Auch wurden ihm drei Priester bewilligt, die ihn in der Oekonomie, Sacristei und auf der Kanzel suppliren sollten. (Flir salarirte sie aus dem ihm gelassenen Honorar per 600 Scudi). Ueber den Mangel seiner juridischen Kenntnisse tröstete er sich mit dem Grundsatz: „derjenige Uditore sei der tüchtigste, der den besten Advokaten habe" [1]).

Von seiner emsigen Thätigkeit für Reorganisirung der Anima war oben vielfach die Rede. Wir wollen hier

---

[1]) Flir, Briefe aus Rom. S. 135.

noch einige Stellen aus seinen Briefen anführen, um die Schwierigkeit seiner Stellung und die Energie seines Charakters in das rechte Licht zu stellen. — "Reisach ist", schreibt Flir, "mit mir vollkommen einverstanden; wir haben jedoch, um dies als neue Organisation für immer durchzusetzen, einen harten Kampf zu bestehen mit den Vorurtheilen der Römer, bei denen alle Rectoren und Pfarrer die Sclaven der Congregationen sind... Gelingt aber unser Unternehmen, so fordern gewiß viele andere die gleiche vernünftige Ordnung, und unsere deutsche Anstalt kann ein Impuls werden für wichtige Neuerungen in den verrosteten (!) Zuständen Roms"[1]). Cardinal Graf Reisach und Monf. Fürst Hohenlohe waren in Rom die einzigen Landsleute von Macht und Ansehen, an welche sich Flir in seinen deutschen Bestrebungen mit Hoffnung auf Erfolg wenden konnte. Er klagte sehr über die verwahrloste Stellung der Deutschen in Rom. "Fürst Hohenlohe ist krank. Er ist hier mein Protector. Mit ihm verlöre ich viel! Deutschland hat hier sonst gar keine Stütze; es ist ganz entfremdet. Deutschland zog sich selbst zurück. Es muß sich wieder annähern, und sich geltend machen. Die Franzosen gründen allerlei Anstalten: sie sind eine geistige Macht; ebenso die Engländer. Nur vom Deutschen keine Regung, als jetzt unsere Anima." Die Vorarbeiten zur Reorganisirung des Hospizes betrieb er mit sich selbstvergessender Aufopferung. "Ich betrachte diese Angelegenheit als ein Stück meines Lebens", schrieb er an seine Freunde[2]). Das Leben in Rom sagte ihm

---

[1]) Flir, Briefe aus Rom. S. 98.
[2]) Briefe aus Rom S. 16. 121.

übrigens dergestalt zu, daß er den Gedanken faßte, nicht mehr in die Heimat zurückzukehren. „Ich habe hier eine Stellung, die ich mit keinem Bisthum der Welt vertauschen möchte" [1]). „Ich wünsche auf diesem Posten zu bleiben bis ich sterbe" [2]). Sollte ihm die Reorganisirung der Anima in seinem Sinne nicht gelingen, schrieb er am Pfingstfeste in der Nacht 1857, „so resignire ich. Ich ersuche dann um ein kleine Pension und privatisire in Rom. Aber wir werden siegen" [3]). Ja wohl, er konnte sich des Sieges freuen — aber nicht lange. Aehnlich wie Adolf Kolping nach dem gesicherten Bestande des von ihm gestifteten Werkes der katholischen Gesellenvereine aus dieser Welt in ein besseres Leben abberufen wurde, war dies bei Alois Flir der Fall.

Flir hat sich offenbar überarbeitet. Er selbst gesteht in seinen Briefen, daß ihm das anstrengende Arbeiten in den Bibliotheken und Archiven zum Behufe seines Werkes über die Anima zur geistigen Passion geworden sei, über die er jede körperliche Erholung vergaß. Im December 1858 befiel ihn ein lähmender Rheumatismus am rechten Arme, zu welchem sich bald anderweitige Entzündungen und periodische Fieberanfälle gesellten, die seine Kräfte rasch verzehrten. Nach scheinbarer Erholung im Frühjahre 1859 befiel ihn eine heftige Lungenentzündung, welcher ein fast ununterbrochenes Delirium folgte. Während eines lichten Intervalles empfing er bei vollstem

---

[1]) Briefe aus Rom. S. 83.
[2]) Briefe aus Rom. S. 109.
[3]) Briefe aus Rom. S. 81.

Bewußtſein ſeiner Lage die h. Sterbeſacramente. Am 7. März 1859 um 10 Uhr Vormittags entſchlief er ſanft im Herrn, umgeben von allen Geiſtlichen der Anſtalt und der Dienerſchaft, Alle in Thränen tiefſter Betrübniß aufgelöſt. Die Cardinäle Rauſcher und Reiſach waren ſchon Abends vorher gekommen, dem Sterbenden den nöthigen Beiſtand zu leiſten; der h. Vater hatte ihm ſeinen Segen geſendet. Sein Grab fand der Dahingeſchiedene in der Kirche der Anima, die er ſo lieb hatte und deren Rector er durch fünf und ein halb Jahr geweſen war [1]).

Der Tod riß ihn dahin, nachdem er ſein Tagewerk rühmlich vollbracht hatte. Das reorganiſirte Hospiz der Anima wird ſeinen Namen ſtets in dankbarer Erinnerung halten; denn was die Anima gegenwärtig iſt, dazu hat er das neue Fundament gelegt. Am Jahrestage ſeines Todes (7. März 1861) ſtieg ich ganz allein in die Gruft der Kirche dell' Anima hinab, um die Grabſtätte des edlen Mannes zu beſuchen. Tieferſchüttert ſtand ich vor dem unanſehnlichen Mauergewölbe, auf dem die laconiſchen Worte ſtanden: **Alois Flir**. Niemals habe ich die Wahrheit des Sprüchleins „sic transit gloria mundi" mehr empfunden als damals, und gerne hätte ich alle Stolzen dieſer Erde an jene ſchlichte Stätte rufen mögen. Dort reifte in mir der Entſchluß Flir's Gedanken aufzunehmen und auszuführen, nämlich die „**Geſchichte der Anima**" zu ſchreiben. Darin, ſo dachte ich, dürfte er ſein ſchönſtes und wohlverdientes Ehrendenkmal finden.

---

[1]) Ludwig Rapp, Vorrede zu Flir's Briefen aus Rom. S. 5.

Die von Ludwig Rapp veröffentlichten Briefe aus Rom stammen aus den 5 Jahren (1853—1858), welche Flir in Rom zubrachte. Man hat diese Veröffentlichung dem Herausgeber übel genommen, und wahrscheinlich wäre es dem verewigten Flir selbst nicht angenehm gewesen, daß seine vertraulichen Mittheilungen an Freunde gar so schnell nach seinem Tode dem großen Publikum ausgeliefert wurden. Schrieb er doch selbst in einem Briefe: „Wenn nicht das Gewissen mich mit Banden belegte, und mir den Gebrauch der Willkür entzöge, könnte ich interessante Memoiren schreiben. Aber" ꝛc. Daß die schön geschriebenen Briefe des wahrhaften und scharfsichtigen Flir eine zweite Auflage erlebten, ist begreiflich — wer fände sie nicht interessant? Das Andenken Flir's hat aber bei Vielen dadurch verloren. Die Zukunft wird über ihn milder und gerechter urtheilen. — Seine Vaterstadt Landeck im Oberinnthal, wohin Flir alljährlich bedeutende Almosen schickte, hat ihm in der prächtig restaurirten gothischen Pfarrkirche ein Votivfenster im Presbyterium als Denkmal gewidmet. Auch in der Kirche der Anima ist ihm inzwischen ein Grabstein gesetzt worden.

Zustand des Hospizes nach dem Tode Flir's.

Der durch Flir's Tod eingetretene so schnelle Wechsel der Verhältnisse brachte in die kaum reorganisirte Anstalt einige Verwirrung. Schon während der Krankheit Flir's leitete die Oekonomie des Hauses Simon Dompieri von Treuthal aus der Trienter Diöcese, der Flir's volles Vertrauen auch noch in einer anderen Beziehung genoß.

Bei Lebzeiten Flir's hatten sich nämlich 21 deutsche Bischöfe an ihn als Rector des deutschen Nationalhospizes in kirchlichen Angelegenheiten gewendet, so daß sich eine Art Agentie herausbildete [1]). Nach dem Tode Flir's setzte Dompieri das lucrative Agentiegeschäft auf seine Faust fort, was ihm aber viele Feinde zuzog, so daß er 1860 (unfreiwillig) Rom verließ. — Die Obsorge für die Kirche wurde von dem jungen talentirten Trienter Priester Johann von Montel übernommen, der Flir in seiner letzten Krankheit mit Liebe pflegte. Schon seitdem Flir Uditore di Rota geworden war, versah das Amt des deutschen Predigers nach dem Wunsche Flir's der Caplan der Anima Carl Wache aus Setzdorf in Schlesien. Da dieser jedoch im Jahre 1859 in seine Diöcese zurückkehrte, so war man wegen der deutschen Predigten all'Anima in Verlegenheit (Dompieri und Montel waren der deutschen Sprache nicht vollkommen mächtig). Zufällig befand sich damals der Weltpriester Franz Pabisch, aus Habings in Mähren gebürtig, welcher jedoch als Missionär nach Nordamerika ausgewandert war, Studien halber in Rom. Er wurde vom Cardinalprotector zum provisorischen deutschen Prediger ernannt, und hielt als solcher die üblichen Fastenpredigten all'Anima. In Anerkennung seiner Verwendbarkeit wurde er — da keine Einsprache für diesen Ausnahmsfall erhoben wurde — 1861 zum Caplan bestellt, als welcher er einige Jahre in dem deutschen Hospiz

---

[1]) Es war dies nicht Flir's Verlangen; denn er schrieb: „Ich wünsche sehnlichst mit Agentiegeschäften verschont zu bleiben." (Briefe aus Rom. S. 35. Vgl. S. 123).

verweilte, worauf er nach Cincinnati in Nordamerika zurückkehrte.

Die Besetzung der Rectorsstelle zog sich in die Länge, so dringend nothwendig sie sich herausstellte. Allerdings war die Wahl eines Rectors nach Flir eine sehr schwierige. Es wurde von Rom aus darauf aufmerksam gemacht, daß besonders in den gegenwärtigen Verhältnissen, wo die Reorganisirung der Anstalt eben erst begonnen habe, die Wahl des neuen Rectors eine doppelt wichtige sei. Dieser müsse ein Mann von seltenen Eigenschaften sein; er solle Rom und Deutschland kennen, er solle geistige Befähigung und wissenschaftliche Bildung zur Leitung eines höheren Institutes besitzen; zugleich müsse er ein durchaus praktischer Mann sein, der Ordnung, Disciplin und Regelmäßigkeit in der Verwaltung des Hauses herzuhalten verstehe; ein rein gelehrter Mann genüge ebensowenig, als ein rein praktischer; er müsse Geschmeidigkeit des Charakters, Klugheit und rücksichtsvolles äußeres Benehmen besitzen u. s. w. Daß der Rector der Anima zugleich Uditore di Rota in einer Person sei, wie der selige Flir, sei ganz unpassend, da weder seine Zeit noch seine Stellung es erlauben, eine solche Anstalt im Detail zweckmäßig zu leiten. Auch sei zu wünschen, daß der jeweilige Rector eine höhere kirchliche Stellung einnehme und sich entschließe, längere Zeit in Rom zu verbleiben. Nur durch einheitliche Leitung sei eine Ordnung bleibend herzustellen und könne ein Gedeihen der Anstalt, welche zugleich die Bestimmung habe, das Band Deutschlands mit Rom mehr zu befestigen, erwartet werden.

Am 31. Jänner 1860 wurde **Michael Gaßner** von Franz Joseph I. zum Nachfolger Flir's als Rector des Hospizes ernannt. Er erschien in mehrfacher Beziehung zu dieser Stellung als die geeignetste Persönlichkeit. Geboren in Tirol, zum Priester geweiht 1834, diente er als Cooperator zu Innsbruck und Hall, war Erzieher beim österreichischen Gesandten in Rom, Graf Lüzow, welche Stelle er 1844 mit einer Kaplansstelle an der Anima vertauschte. Im Jahre 1855 wurde er Decan und Stadtpfarrer zu Bregenz, dem wichtigsten Posten Vorarlbergs. Sprachkenntniß, Biederkeit des Charakters und eine imponirende Persönlichkeit erhöhten seine Qualification. Am 15. Mai 1860 kam er in Rom an, und übernahm als Flir's Nachfolger die Rectorsstelle.

Das Hospiz der Anima im österreichischen Reichsrath.

Die officiellen Aufschlüsse in der 14. Sitzung des Herrenhauses am 7. Jänner 1864 zu Wien über die neueste Stellung Oesterreichs zum deutschen Hospiz zu Rom sind zu interessant, als daß wir sie in einer Geschichte der Anima übergehen könnten. Es handelte sich um die Dotirung des Rectors der Anima, worüber sich folgende Debatte entspann:

Cardinal Rauscher: Das Haus der Abgeordneten hat eine, von Sr. Majestät dem Kaiser dem Rector des Institutes dell'Anima zu Rom bewilligte Gehaltszulage von 600 Scudi jährlich, zu streichen beschlossen. Ich erlaube mir die Verhältnisse darzulegen, mit welchen diese Gehaltsanweisung in Verbindung steht; das hohe Haus dürfte daraus entnehmen, daß große Interessen dabei berührt werden. Zu Ende des 14. Jahrhunderts gründete Peter Johann aus Dortrecht zu Rom ein Haus für deutsche Pilger, welche damals sehr zahlreich waren. Der aus Paderborn gebürtige Theodorich von Niem fügte eine Schenkung hinzu, in Folge deren er als zweiter Stifter der Anstalt betrachtet wird. Es fand sich eine fromme Bruderschaft zusammen, damit nicht für den Leib der Pilger allein gesorgt werde, und sie wurde zum Mittelpunkt der religiösen Belebung unter den Deutschen zu Rom. Da die frommen Gaben zu fließen fortfuhren, entschloß man sich zu Anfang des 16. Jahrhunderts ein neues Gotteshaus zu bauen. Zur selben Zeit, als die Malerei in Rafael ihren Höhepunkt erreichte, und auch die Baukunst dem Höhepunkte mit raschen Schritten sich näherte, erhob sich die Kirche der heiligen Maria der Deutschen, gewöhnlich genannt zur heiligen Maria von der Seele, weil auf dem Siegel der Bruderschaft, welche bis zu Ende des 17. Jahrhunderts fortwirkte, die heilige Jungfrau mit dem göttlichen Kinde und zwei Abgeschiedene, welche um Erlösung aus den Qualen der Läuterung flehten, dargestellt waren. Kurzweg nennt man aber die ganze Anstalt die Anima. Die Kirche ist mit bedeutenden Kunstwerken geschmückt, und der letzte Deutsche, welcher bisher den heiligen Stuhl bestiegen hat, Hadrian VI., hat dort für das, was an ihm sterblich war, eine Ruhestätte gefunden. Die fromme Stiftung war für alle Deutschen in gleicher Weise bestimmt, und der deutsche Kaiser war der Schutzherr derselben. Als aber die Sturmesfluten, welche die französische Revolution angeregt hatte, den schon lose gewordenen Verband des deutschen

Reiches gänzlich zerrissen, da wurde die Anima als eine österreichische Anstalt anerkannt. Es erbte sie der letzte Nachfolger Carl des Großen, sowie auch die Krone Carl des Großen und sämmtliche Reichskleinodien bei ihm verblieben. Dem Schutze des österreichischen Adlers verdankt es die fromme Gründung, daß sie die Jahrzehnte überdauerte, in welchen die Königreiche sanken und die Königreiche emporstiegen wie die Wellen des wildbewegten Meeres. Dennoch wurde eine Einsprache laut. Der Gang der Ereignisse verwandelte die österreichischen Niederlande in das Königreich Belgien, und die Belgier verlangten, daß das deutsche Haus ihnen überlassen werde. Allerdings stammte der größere Theil des Stiftungsvermögens von Schenkungen, welche Niederländer gemacht hatten; allein diese wurden zu einer Zeit gemacht, als man noch in Dortrecht und Utrecht und Antwerpen sich in gleicher Weise als Deutscher fühlte, wie zu Köln und in Wien. Damals hatte Deutschland sein nordwestliches Ufer noch nicht verloren. Se. Majestät, bewogen von Seinem Zartgefühle für Gerechtigkeit, boten jedoch bereitwillig die Hand, daß diese Ansprüche genau untersucht würden. Das Recht Oesterreichs bestätigte sich. Es bestätigte sich aber auch, daß allen Deutschen ein gleicher Anspruch auf das Pilgerhaus gebühre. Man ergriff die Gelegenheit dieser Verhandlungen, um die Einrichtungen des Hauses, dessen Verwaltung sehr viel zu wünschen übrig ließ, in mehrfacher Hinsicht umzugestalten, und den geänderten Verhältnissen anzupassen. Durch die bessere Verwaltung vermehrten sich allerdings die tiefgesunkenen Einkünfte, allein für die Zwecke, welchen sie sich zu widmen hat, sind sie auch jetzt nichts weniger als übergroß. Sie wurden nämlich in Folge dieser Verhandlungen sowohl für die Unterstützung von Pilgern bestimmt, die Deutsche sind oder doch den deutschen Bundesländern angehören, als auch um deutsche Geistliche, welche zu Rom sich in den theologischen Wissenschaften zu vervollkommnen wünschen, gastfreundlich aufzunehmen. In Betreff des Cardinalprotectors, welcher die Oberleitung führt, wurde festgesetzt, daß der heilige Stuhl ihn mit Berücksichtigung der Wünsche Sr. Majestät ernennen werde. Die Ernennung des Rectors aber wurde Sr. Majestät übertragen. Dagegen gewährte der Kaiser dem Rector zu seinem ärmlichen Gehalte eine Zulage von jährlich 600 Scudi, und es war dies um so nothwendiger, als Se. Heiligkeit, damit der Vorsteher des deutschen Hauses nicht hinter dem des französischen zurückstehe, denselben nun zu einem päpstlichen Hausprälaten zu ernennen pflegte. Der Mensch lebt nicht durch und für den Augenblick. Durch die Erinnerung an die Vergangenheit, die hinter ihm liegt, und die Erwartungen, durch die er in die Zukunft hinausgreift, wird er das, was er ist. Dasselbe ist aber auch mit dem Staate der Fall. Wehe dem Reiche, welches in seiner Vergangenheit nichts Tröstliches und Lobwürdiges fände, und von den großen Erinnerungen seiner Vergangenheit kann kein Staat sich ungestraft abwenden. (Sehr gut!) Zu den ruhmvollsten Erinnerungen Oesterreichs gehört aber ohne Zweifel Rudolph der Erste, welcher nach längerer Zerrissenheit Deutschland wieder zu einem Reiche machte, gehört die lange Reihe der österreichischen Fürsten, welche von Albrecht II. bis Franz II. auf dem Throne, welchem damals ganz

Europa den Vorrang zollte, auf dem Throne des deutschen Reiches saßen. Ein Denkmal aus dieser Zeit ist das Protectorat über die Anima zu Rom, und dadurch, daß dies Haus seiner ursprünglichen Bestimmung zurückgegeben ward, und nun wieder alle Deutschen ohne Unterschied des Stammes mit gleicher Liebe in seinen Räumen aufnimmt, gewinnt die Sache nur an Wichtigkeit. Wie sollte also ein Oesterreicher dem Rector der Anima die Zulage mißgönnen, welche Se. Majestät ihm zur Förderung des Werkes der Neugestaltung gewährt hat? War es nicht eine Ehrensache für den Schutzherrn, daß er auch in dieser Weise ein Werk förderte, zu dem alle Deutschen beigetragen hatten, und das nun wieder in verjüngter Wirksamkeit sich entfalten sollte? Hinter Oesterreich liegt eine Vergangenheit voll Ruhmes, und zwar voll reinen Ruhmes. Oesterreich hat gekämpft, um Völker zu vertheidigen und zu retten, es hat aber nicht gekämpft, um Völker an den blutbesprengten Siegeswagen der Eroberung zu ketten. Zugleich mit diesen Erinnerungen wird auch die Zuversicht auf die Zukunft und die Hoffnung auf Gottes Hilfe mächtig gestärkt, und so oft das Herrenhaus den Erinnerungen dieser Vergangenheit Ehre zollt, richtet es an Alle den belebenden Ruf: „Muth, Oesterreich, Muth, dein Wahlspruch ist noch nicht ausgelöscht." (Bravo!) — Es scheint mir daher unzweifelhaft, daß das hohe Herrenhaus den Antrag der Finanzcommission genehmige, und daher die Zustimmung zu der Ausstreichung des Gehaltes des Rectors dell'Anima versagen werde. (Bravo!)

Graf Leo Thun: Se. Eminenz hat erwähnt, wie thatsächlich der Kaiser von Oesterreich nach der Auflösung des deutschen Reiches Protector des Institutes geworden ist. Se. Eminenz hat erwähnt, wie durch den Schutz Oesterreichs das Institut in Zeiten schwerer Drangsale erhalten worden ist, wie aber später in Beziehung auf Anrechte sowohl des belgischen Volkes, als der deutschen Nation im Allgemeinen Schwierigkeiten und Einsprachen gegen die thatsächlich bestandenen Einrichtungen des Institutes erhoben worden sind. Diese Verhältnisse haben den heiligen Stuhl bewogen, sich mit Sr. Majestät in's Einvernehmen zu setzen über die Nothwendigkeit einer durchgreifenden Reform der Statuten des Institutes. Um jene Zeit hat Se. Majestät folgendes Allerhöchste Handschreiben an den Minister der auswärtigen Angelegenheiten erlassen, das war am 12. December 1854:

„Da es Mein Wunsch ist, daß die Stellung des Rectors der deutschen Nationalkirche dell'Anima in Rom immer mit einem hervorragenden österreichischen Geistlichen besetzt werde, durch die dazu erforderliche Erhöhung der Dotation aber die Mittel der Stiftung dell'Anima nicht zum Nachtheile ihrer Wirksamkeit geschmälert werden, so bin Ich geneigt, für ewige Zeiten einen angemessenen Gehalt für den Rector aus dem Staatsschatze unter der Bedingung anzuweisen, daß das Recht der Ernennung desselben Mir und Meinen Nachkommen gesichert und zugleich festgesetzt werde, ... daß zugleich in Beziehung auf die Ernennung der Capläne dem Kaiser von Oesterreich ein gewisser Einfluß eingeräumt, oder wenigstens dafür gesorgt werde, daß ein Theil der Capläne aus der österreichischen Geistlichkeit gewählt sei. Sie haben den Gesandten am päpstlichen Hofe zu beauftragen, daß er von dieser Meiner Willensmeinung die Commission, welche von dem heiligen Vater mit der canonischen Visitation des Instituts beauftragt ist, verständige..."

Diese Verständigung ist erfolgt. Auf Grundlage dieser Verständigung hat die Reorganisirung des Instituts stattge-

funden, und Se. päpstliche Heiligkeit hat dem Wunsche
Sr. Majestät in jeder Weise Rücksicht getragen. Es ist
in den Statuten festgesetzt, daß Se. Majestät den Rector
zu ernennen habe; es sind Vorkehrungen getroffen, daß
bei Auswahl der Capläne auf österreichische Geistliche
Rücksicht genommen werde. Auch in Beziehung auf die
Ernennung des Protectors des Instituts ist ein Einver=
nehmen mit Sr. Majestät dem Kaiser von Oesterreich
zugestanden worden. In Folge alles dessen hat Se. Maje=
stät, nachdem inzwischen dem damaligen deutschen Prediger
an der Kirche, welcher zugleich die Stelle des Rectors
versah, ad personam ein Gehalt von 600 Scudi ange=
wiesen worden war, nach der definitiven Regelung dieser
Angelegenheit definitiv diesen Gehalt systemisirt, und auch
davon ist der heilige Stuhl in Kenntniß gesetzt worden.
Es geht daraus hervor, daß, nachdem der heilige Stuhl
die Bedingungen, unter denen Se. Majestät in vorhinein
erklärt hatte, für ewige Zeiten einen Gehalt aus dem Staats=
schatze zu zahlen, in jeder Beziehung erfüllt hat, dieses Ver=
hältniß gegenwärtig als ein wirkliches Rechtsverhältniß zu
betrachten ist, und gewiß wird das h. Haus damit einver=
standen sein, daß es nicht möglich ist, im Wege der Strei=
chung dieses Gehaltes dieses Verhältniß zu stören. — Ich
erlaube mir in dieser Beziehung auf die Frage zurückzu=
kommen, die ich vor einigen Tagen gestellt habe, ob die
Regierung wirklich gesonnen ist, diese Post, die bisher im
Budget des Cultus stand, im Budget des Ministeriums
des Auswärigen aufzunehmen, und ob in Folge dessen
die Finanzcommission selbst einen bestimmten Antrag über
die Behandlung dieser Post dem hohen Hause zu stellen

gesonnen sei, indem, wie mir scheint, das, was in dem Bericht gesagt ist, doch Zweifel darüber bestehen läßt, ob die Finanzcommission dem Hause anträgt, daß der Streichung, welche von dem Abgeordnetenhause beschlossen worden ist, stattzugeben sei oder nicht.

Minister Ritter v. Lasser: Ich muß vor Allem constatiren, daß eine Erklärung der Regierung, daß sie vermeine, dieser sich auf 1296 fl. jährlich beziffernde Bezug könne abgestrichen werden, nirgends vorliegt. Es liegt eben nur in der Andeutung des Herrn Staatsministers vor, daß diese Post in das Budget des Ministeriums des Aeußern zu übertragen wäre. Ich glaube nun nicht zu fehlen, wenn ich erkläre, daß die Nichtbezahlung dieser Gebühr unstatthaft sei. Erstens hat das Ministerium diese Gebühr in den Staatsvoranschlag aufgenommen und dadurch anerkannt, daß nach seiner Meinung zur Bezahlung derselben eine Verpflichtung bestehe, und zweitens ist in der That die Allerhöchste Entscheidung, welche Se. Excellenz Graf Thun citirt hat, nämlich das Allerhöchste Handschreiben vom 12. December 1854, mit den nachgefolgten Verhandlungen geeignet, in der bestimmten Dotation, wenn auch nicht gerade eine förmliche privatrechtliche Verpflichtung, so doch eine Art kaiserlicher Stiftung für ewige Zeiten erkennen zu lassen. Auch der Grund, daß die Mittel dieses Institutes in der letzten Zeit sich so gebessert haben, daß sie einen jährlichen Ueberschuß abwerfen, ist meines Erachtens nicht ausreichend, den Beitrag von Seite der österreichischen Finanzen zum Gehalt des Rectors der Anima beseitigen zu machen; denn es liegt actenmäßig vor, daß die Absicht bestehe, aus diesen Ueberschüssen allmälig ein Collegium zu dotiren, in welchem junge, talentvolle Priester aus Deutschland und Oesterreich Unterkunft finden, und ihre weitere theologische Ausbildung erhalten sollen; jede Schmälerung also, die diese Ueberschüsse durch Entziehung der jetzt in Frage stehenden Summe erleiden würden, würde die Erreichung eines solchen, in der Aufgabe des Institutes selbst liegenden Zweckes verschieben, wo nicht gar vereiteln. Erwäge ich endlich, daß die österreichischen Südslaven zu Rom ein eigenes Collegium illyricum mit einem Collegiatcapitel besitzen, daß die Ungarn ihre jungen Priesterstandscandidaten in das Collegium hungaricum, und die unirten Griechen diese Candidaten in das Collegium Athanasianum daselbst senden, so erscheint es gewiß wohl motivirt zu sein, daß ein, für die katholischen Deutschen aus Oesterreich in Rom bestehendes nationales Institut in würdiger Weise erhalten werde, und ich meine in der That, daß der Umstand, daß auch außerösterreichische Deutsche an diesem Institute theilnehmen, einer Zuschußleistung von Seite der österreichischen Finanzen nicht abträglich sein sollte. Aus diesen Gründen, glaube ich, habe die Regierung an der Anschauung festzuhalten, daß dieser Bezug auch fortan stattfinden solle.

Berichterstatter Dr. Miklosic: Sollte die Post im Budget des Ministeriums des Aeußern oder des Staatsministeriums eingestellt werden, so bildet dies nothwendig einen Differenzpunkt mit dem anderen Hause, welcher bekanntlich nicht unter denjenigen vorkommt, die vom Herrn Generalberichterstatter angeführt wurden. Ich glaube daher, daß unter den beiden Uebeln, unter welchen hier zu wählen ist, das geringere zu acceptiren ist, d. i. daß diese Post im Budget 1864 gestrichen bleibe, und daß die Regierung im nächsten Jahre die Gründe für dieselbe darlege.

Graf Leo Thun: Ich begreife vollkommen die eigenthümliche Stellung des Herrn Berichterstatters. Es scheint, daß, obgleich gestern die Finanzcommission eine Sitzung gehalten hat, diese Frage, trotz der von mir vor wenigen Tagen gestellten Anregung nicht in neuerliche Erwägung gezogen worden ist, und daher der Herr Berichterstatter nicht in der Lage ist, aus der etwas zweideutigen Stellung herauszutreten, in welcher wir ihn bereits in dem gedruckten Berichte befindlich sehen. Allein so sehr ich die Gewandtheit bewundere, mit der der Herr Berichterstatter sich in dieser schwierigen Lage benommen hat, so scheint mir doch, daß das für das hohe Haus kein Grund ist, den etwas weitwendigen Weg einzuschlagen, den er vorgeschlagen hat. Die Aufklärung über die Angelegenheit ist der Reichsvertretung, (denn ich denke, das Herrenhaus gehört auch zur Reichsvertretung) in der heutigen Sitzung gegeben worden. Ich sehe nicht ein, warum der definitive Beschluß in dieser Sache, nachdem ja das Budget von diesem hohen Hause in das Abgeordnetenhaus ohnehin zurückgeleitet werden muß, nicht in dieser Sitzung schon erfließen könne, sondern vielmehr erst auf das künftige Jahr hinausgeschoben werden soll, und warum, nachdem die Aufklärung des Gegenstandes vollkommen vorliegt, nachdem zwei Glieder der hohen Regierung ihre entschiedene Ansicht dafür ausgesprochen haben, daß von dem Entfallen dieser Post keine Rede sein könne, wir Oesterreich der immer etwas unangenehmen Eventualität aussetzen sollen, daß die Welt sage, es sei für ein Jahr doch diese Post entfallen, und die Sache werde erst im künftigen Jahre wieder rebreffirt werden. (Bravo!) Der Beschluß, den wir heute fassen, wird wahrscheinlich sogar in Rom bekannt werden, und welchen Eindruck müßte es auf den Rector machen, der darauf rechnet, daß die Unterstützung, die von Seiner Majestät definitiv zugesichert worden ist, regelmäßig ausgezahlt werde, zu hören, daß dieses Jahr die Zahlung eingestellt, oder nur gegen den Willen der Reichsvertretung gezahlt werden soll! (Bravo!) Ich erlaube mir daher den Antrag zu stellen, daß der Streichung des Abgeordnetenhauses nicht beigetreten, sondern die Post in der Weise, wie sie in der Regierungsvorlage enthalten ist, wieder hergestellt werde. Ich habe die feste Ueberzeugung, daß dies selbst dem Abgeordnetenhause gegenüber durchaus nicht einen schwierigen Differenzpunkt bilden werde, sondern eben deshalb, weil es auch zu meinem Bedauern unterlassen worden ist, dem Abgeordnetenhause die nöthigen Aufklärungen über die Sache zu geben, kann ich nicht daran zweifeln, daß nun, wo die Aufklärung vorliegt, das Abgeordnetenhaus bereitwillig seine Zustimmung zur Aufrechthaltung der Post ertheilen wird. (Bravo! Bravo!)

Minister Ritter von Lasser: Zur weiteren Erklärung der ganzen Sachlage erlaube ich mir noch den Umstand hervorzuheben, daß allerdings im Staatsvoranschlage für das Jahr 1864 zum ersten Male die hier in Frage stehende Post im Etat der Cultusabtheilung erscheint. Sie ist früher auch nicht im Budget des Ministeriums des Aeußern gewesen, sie war mit manchen anderen, unter den sogenannten verschiedenen Auslagen, in dem allgemeinen bei dem Finanzministerium vorkommenden Etat mitbegriffen. Die neuere Einrichtung des Staatsvoranschlages hat es mit sich gebracht, daß diese verschiedenen Auslagen alle auf jene Ministerien vertheilt worden sind, denen sie zunächst zukommen, und daraus, obwohl diese Post Jahr für Jahr seit dem Jahre 1855 bezahlt worden ist, erklärt es sich, daß sie im jetzigen Voranschlage, wie gesagt, zum ersten Male bei der Cultus- und Unterrichtsabtheilung des Staatsministeriums vorkam. Ob dem Finanzausschusse des Abgeordnetenhauses nähere Informationen mitgetheilt worden sind oder nicht, vermag ich in der That nicht aufzuklären, ich habe den diesfälligen Sitzungen beizuwohnen keinen Beruf gehabt. Nachdem schon wegen anderer obwaltender Differenzpunkte weitere Verhandlungen über das Finanzgesetz für 1864 zwischen den beiden Häusern des Reichsrathes noch stattfinden werden, dürfte der jetzt in Frage stehende Punkt meiner Ueberzeugung nach keinen förmlichen Gegensatz zu den Anschauungen des Abgeordnetenhauses bilden. Von dieser Anschauung ausgehend spreche ich nochmals meine Ansicht aus, daß das hohe Haus sich bestimmt finden dürfte, das Uebersehen von Seite der Regierung dadurch gut zu machen, daß es schon in diesem Jahre den geeigneten Weg eröffne, um die Sache in die Ordnung zu bringen.

Präsident bringt nun den Antrag des Grafen Leo Thun zur Unterstützungsfrage; derselbe wird fast einstimmig unterstützt.

Graf Clam-Gallas: Ich glaube, der Antrag wird mit zwei Worten unterstützt, und mit zwei Worten geendigt sein: Es ist des Kaisers Wort, und das muß unter allen Umständen erfüllt werden. (Beifall.)

Graf Auersperg: Ich möchte doch gegen diese Interpretation des Allerhöchsten Willens Verwahrung einlegen. Des Kaisers Wille ist, daß wir hier sind, und daß wir hier nach unserem Gewissen und unserer Ueberzeugung über das Budget unser Votum abgeben.

Berichterstatter Dr. Miklosic: Geschäftliche Schwierigkeiten, Schwierigkeiten der Form, um welche es sich in einem constitutionellen Staate zum Theile doch auch handeln dürfte, sind es, die mich bestimmten, mich so auszusprechen, wie ich mich ausgesprochen habe. Was die Ansicht betrifft, es handle sich um das Wort des Kaisers, so muß ich daran erinnern, daß diesem Worte Niemand entgegengetreten ist. Dieses Wort, ich bin es überzeugt, wird nie unbefolgt an unser Ohr klingen. Allein wir sind dazu da, um offen unsere Meinung zu sagen, was wir über dasjenige, was die Regierung gefordert hat, denken. Ich habe nichts weiter zu bemerken.

Der Antrag des Grafen Thun wird angenommen [1]).

Gegenwärtiger Zustand des Hospizes.

Seit der Reorganisirung des Hospizes geht dasselbe unter der umsichtigen Leitung des gegenwärtigen Rectors Monf. Gaßner einem frischen Gedeihen entgegen. Zuverlässigen Berichten aus Rom zufolge lassen sich folgende Belege dafür anbringen:

---

[1]) Stenographische Protokolle des Herrenhauses des Reichsrathes. Zweite Session. S. 228—234.

Der feierliche Gottesdienst für die Deutschen in Rom wird in der Kirche des Hospizes an allen Sonntagen um 10 Uhr abgehalten. Die deutsche Predigt wird von dem Rector des Hospizes oder einem der Capläne besorgt. Nach jeder Predigt wird für den Kaiser von Oesterreich als Protector gebetet. In der Anima sind stets deutsche Beichtväter zu erfragen. Außerordentliche Andachten finden nur zu gewissen Zeiten in der Kirche des Hospizes Statt, wie z. B. Fastenpredigten, geistliche Exercitien vor der Charwoche, das vierzigstündige Gebet um Mariä Geburt. Bei Gelegenheit der Seligsprechung Sarcanders im Jahre 1860 wurde in der Anima ein feierliches Triduum mit deutschen Predigten gehalten, das 1000 Scudi kostete. Der Orgel- und Chordienst, der früher von Italienern besorgt wurde, wird jetzt von einem deutschen Priester aus Tirol versehen [1]).

Die Beherbergung der deutschen Pilger erstreckt sich wenigstens auf drei Tage, an welchen sie gänzlich im Hospize verpflegt werden. Wer längere Zeit in dem Hospize zu wohnen wünscht, hat das Ansuchen an den Rector zu stellen und eine billige Entschädigung zu leisten. Derlei längere Besuche in Rom kommen (besonders von Seite der deutschen Priester) in neuerer Zeit, wo das katholische Leben einen größeren Aufschwung genommen hat, häufig vor. Das Großartigste leistete das Hospiz bei Gelegenheit der Canonisationsfeier der japanesischen Märtyrer 1862, und im Jahre 1867 anläßlich des Cen-

---

[1]) D. Crazolara, Pfarrer von Landeck, vor etwa 20 Jahren als Caplan all'Anima, vom Bischof beurlaubt.

tenariums. Im Jahre 1862 wurden in der Anima 13 Bischöfe und 41 fremde deutsche Priester aufgenommen und verpflegt; im Jahre 1867 — wenn ich recht berichtet bin — noch viel mehr. Die Anima war zu jener Zeit ein wahrhaft glänzendes Centrum der Deutschen zu Rom, ein deutsches Nationalinstitut im besten Sinne des Wortes, an das sich Jeder, der dort gewesen, gern zurückerinnert. Die größere Anzahl der Fremden ist stets zu Ostern, ohne deutsche Gäste ist das Hospiz fast nie. — Jedenfalls ist es für die ad limina Apostolorum pilgernden Bischöfe und Priester eine große Erleichterung, daß sie im Hospiz gegen geringe Vergütung eine anständige Wohnung, Kost und Verpflegung finden, so daß selbst Unbemittelten ein längerer Aufenthalt zu Rom dadurch ermöglicht wird.

Mit Anfang des Jahres 1863 wurde in dem Hospiz eine neue Hausordnung eingeführt, wodurch die clericale Disciplin nur Gewinn ziehen kann. Täglich ist um 6 Uhr früh die h. Messe für alle Bewohner des Hauses. Vor und nach Tisch wird das Sanctissimum besucht. Abends wieder gemeinschaftliches Gebet, und nach Tisch Rosenkranz nebst Gewissenserforschung. Das Brevier wird (mit Ausnahme der kleinen Horen) auf dem Betchore gemeinschaftlich laut recitirt. Ueberdies wird jeden Abend für die Wohlthäter des Hospizes gebetet.

Was die Thätigkeit der Mitglieder des Hospizes betrifft, so ist nebst der wissenschaftlichen Beschäftigung des sogenannten Priesterconvictes, wovon im nächsten Paragraph eigens die Rede sein wird, besonders die Errichtung einer deutschen Schule (seit Herbst 1862) zu erwähnen, welche sich die Aufgabe stellt, den Kindern der zu Rom weilenden zahlreichen Deutschen durch einen eigenen Priester Unterricht zu ertheilen, und so den deutschen Sinn in denselben zu bilden und zu erhalten. Bisher besuchten nur 8—10 Schüler diese Schule. Eine andere erfreuliche Neuerung ist die Einführung eines katholischen Gesellen= vereines für deutsche Handwerker in Rom — ein glück= licher Gedanke.

Die Stellung eines Rectors der Anima (seit der Reorganisirung des Hospizes mit der Würde eines päpst= lichen Hausprälaten ausgezeichnet) ist, da er zugleich als geistlicher Vorstand des Priesterconvictes — einer Art Elite des deutschen Clerus — fungirt, ebenso ehren= voll als wichtig und verantwortlich. Er ist in der Lage, sowohl den zu Rom weilenden, als den nach Rom kom= menden Deutschen ihren Aufenthalt möglichst angenehm zu machen, und auch anderen Nationen gegenüber das deutsche Element zu vertreten. — Die Capläne der Anstalt erhalten nach der jetzigen Einrichtung gänzlich freie Verpflegung, Licht, Wäsche, Beheizung und 4 Scudi monatliches Handgeld, nebst freien Messen. Die Zahl der Capläne ist auf fünf beschränkt, und zwar sollen sie nicht länger als höchstens zwei Jahre an der Anstalt ver= bleiben, damit auch andere die Wohlthat derselben genießen können. Auf Oesterreich soll bei der Wahl der Capläne Rücksicht genommen werden. Die Besetzung der Caplan= stellen geschieht statutenmäßig durch den Cardinalprotector im Einverständniß mit dem Rector. In Oesterreich pflegt das von dem Bischof unterstützte Gesuch des Competenten um eine Caplansstelle durch das Ministerium nach Rom geleitet zu werden. Der deutsche Clerus außerhalb Oesterreich wendet sich direct an den Cardinalprotector. — Die sogenannten Convictoren, welche seit der Reorganisirung des Hospizes in der Anstalt wohnen, haben die Wohlthat der freien Wohnung. Bisher mußten sie jedoch für die Verpflegung nach Maßgabe ihres Vermögens eine Vergütung bezahlen (etwa 15 Scudi monatlich). Auch erhalten sie kein Monatgeld. — Der Unterschied zwischen Caplänen und Convictoren besteht somit (nach der jetzigen Einrichtung) in finanziellen Vortheilen. Caplanplätze sind Freiplätze im Hospiz, die Plätze der Convictoren dagegen nicht.

Die pecuniären Verhältnisse des Hospizes sind gegenwärtig als günstig zu bezeichen. Sämmtliche Passiva der Anstalt sind berichtigt und das Vermögen der Anstalt ist sicher angelegt. Die vermehrten Jahreseinkünfte von beiläufig 6000 Scudi genügen theils zur Erfüllung der Stiftungszwecke und Herhaltung des Hauses, theils zur Dotirung des Priesterconventes. Die finanzielle Verwaltung ruht in den Händen von sieben Congregationsmitgliedern. Die Zunahme des Vermögens wurde durch gesteigerte Miethzinse und fruchtbringende Anlage der Geldüberschüsse erzielt. Wenn auch das Hospiz nicht jenen fabelhaften Reichthum besitzt, wie mitunter gefaselt wird, so ist es doch immerhin eine gut dotirte Anstalt mit stets sich vermehrendem Einkommen zu nennen, und somit der Kostenpunkt kein Hinderniß in der Fortentwickelung derselben. Im Jahre 1863 beliefen sich die Ausgaben auf 9563 Scudi, wovon 4626 auf Besoldungen und Gottesdienst, 761 auf Steuern und Abgaben, 1907 auf Kost und Reparaturen, 489 auf Almosen und Unterstützungen entfielen. Auch wohlthätige Gaben erhielt das Hospiz in neuester Zeit. Ein in Rom lebender Deutscher, Gustav Freytag, Mitglied des Verwaltungsrathes, schenkte 2400 Scudi in päpstlichen Schuldverschreibungen mit der Bestimmung, daß auch Mädchen aus den zur österreichischen Monarchie gehörenden nicht deutschen Ländern, welche bisher statutenmäßig von den Heiratsausstattungen ausgeschlossen waren, an den von ihm neugestifteten „doti" theilnehmen sollten, welch' menschenfreundliche Vorsorge um so mehr Anerkennung verdient, da Gustav Freytag kein Oesterreicher¹) ist. — Ein resignirter Pfarrer aus Würtemberg, Johann Kuttler, übergab der Anstalt 6000 Gulden Rheinisch dafür, daß er den Rest seines Lebens freie Wohnung und Verpflegung im Hospiz erhalte. Er lebt gegenwärtig im Hospiz der Anima, und gibt dem jungen Clerus ein erbauendes Beispiel.

Das deutsch-österreichische Priesterconvict.

Die segenvollste Frucht der Reorganisirung des Hospizes ist das seitdem ins Leben getretene deutsche Priesterconvict. Der Gedanke dazu war von dem h. Vater selbst ausgegangen. Der selige Flir griff denselben mit der vollen Elasticität seines regen Geistes auf, und erstattete diesbezügliche Vorschläge nach Wien. „Wenn dies Project gelingt, dann tritt unsere Anstalt erst in ihren Flor"²).

---
¹) Aus Hamburg gebürtig.
²) Flir, Briefe aus Rom. S. 142.

Zwei Gründe waren bei Realisirung des Gedankens maßgebend. Einmal war die Zahl der nach Rom kommenden deutschen Pilger so gering (monatlich etwa 6 Personen), daß der Zweck der ursprünglichen Stiftung eine zeitgemäße Erweiterung erheischte. Dann beabsichtigte man durch Hieherberufung junger Priester aus Deutschland, welche in der Anstalt einige Zeit zu verbleiben und zu studiren hätten, eine bessere Kenntniß des Kirchenrechtes durch die zurückkehrenden Priester zu verbreiten, und überhaupt eine höhere wissenschaftliche Bildung derselben zu fördern [1]). In der päpstlichen Bulle heißt es bezüglich dieses Punktes: „ut sacerdotes theologicas in Urbe disciplinas melius et perfectius addiscant, et s. negotiorum usum apud S. Sedem, religionis magistram, cognoscant et assequi velint, unde fieret, ut in dioecesi quisque suam et Romanae Curiae methodum et disciplinam, germanumque s. doctrinae sensum transferrent, quod in maximam cederet religionis commoditatem." Demgemäß hat das Priesterconvict die Aufgabe, jungen Priestern aus Deutschland die Gelegenheit zu bieten, sich durch ein paar Jahre in den theologischen Fächern weiter auszubilden, Collegien zu besuchen, das Doctorat zu nehmen, in Bibliotheken zu arbeiten, in den Congregationen, wo die wichtigsten Fälle aus dem kirchlichen Rechtsleben vorbesprochen wer-

---

[1]) Daß das deutsche Priesterconvict fundationsmäßig sei, geht auch aus dem alten österreichischen Hofalmanach hervor, in welchem die Anima unter folgenden drei Beziehungen angeführt erscheint: 1. Ospizio für Pilger. 2. Ospedale für Kranke. 3. Convitto für Weltpriester.

ben, zu prakticiren und dann mit mannigfachen Kenntnissen bereichert in die Heimat zur Fructificirung derselben zurückzukehren. Der gelehrte Secretär der Congregatio concilii, Mons. Nina, ertheilte den Convictoren wöchentlich einmal Unterricht im Hospize über canonistische Eheprocesse.

Anfangs hegte man finanzielle Bedenken über die Erhaltung des Priesterconvictes, und Flir schlug folgende zwei Mittel vor: „eine Aufforderung durch ein Breve zu Stiftungsbeiträgen, und die Agentie von ganz Oesterreich" [1]). Allein auch ohne Benützung dieser Mittel hat sich das Priesterconvict als ein lebensfähiges Institut erwiesen, und dürfte bei entsprechender Leitung noch mehr prosperiren zum Besten der katholischen Interessen Deutschlands und Oesterreichs. Man hat sich öfter schon darüber verwundert, daß diese Gelegenheit sich weiter auszubilden, von talentirten jungen Priestern nicht mehr benützt wird als es gegenwärtig geschieht. Allerdings sind die kritischen politischen Verhältnisse und der Priestermangel in manchen Gegenden eine Entschuldigung.

Im Jahre 1864 befanden sich acht junge Priester im neugegründeten Convicte. Bei der günstigen Finanzlage des Hospizes könnte die Zahl derselben immerhin auf fünfzehn erhoben werden, und auch insoferne eine Erleichterung stattfinden, daß sie entweder ganz oder theilweise von der Anstalt verpflegt, oder daß sogenannte Freiplätze auch für Convictoren creirt würden. Dem etwaigen Mangel an Localitäten ließe sich wohl durch

---

[1]) Flir, Briefe aus Rom. S. 142.

Benützung eines der an das Hospiz stoßenden Miethhäuser abhelfen. Da die Existenz des deutschen Priesterconvictes zu Rom Vielen gänzlich unbekannt zu sein scheint, so glaubte ich davon ausführlicher sprechen zu sollen. Seit der Reorganisirung des Hospizes haben folgende deutsche Priester die Wohlthat des Hospizes (theils als Capläne, theils als Convictoren) genossen:

Bellersheim Alphons . . . . . . aus	Köln;
Birk Maximilian . . . . „	Köln;
Dahlen Peter . . . . „	Wien;
Dreher Theodor . . . . „	Freiburg;
Essinghold Bernard . . . . „	Münster;
Gabel Adam . . . . „	Mainz;
Holle, Ritter Vinzenz von . . . . „	Olmütz;
Jänig Karl . . . . „	Prag;
Karlon Alois . . . . „	Seckau;
Kerschbaumer Anton . . . . . . „	St. Pölten;
Lems N. . . . . „	Mainz;
Marcus N. . . . . „	Münster;
Marschall Gottfried . . . . „	Wien;
Mösinger Josef . . . . „	Salzburg;
Möller Heinrich . . . . „	Luxemburg;
Novak Josef . . . . „	Leitmeritz;
Pabisch Franz . . . . „	Cincinnati;
Nythold, Baron . . . . „	Roremond in Holland;
Sentis Franz . . . . „	Köln;
Schmitts Josef . . . . „	Köln;
Schütz N. . . . . „	Lavant;
Siverding Hermann . . . . „	Luxemburg;

Vitvar Johann	aus Königgrätz;
Wache Karl	„ Breslau;
Waldburg Wolfegg, Graf von	„ Rottenburg;
Ziegler N.	„ München;
Zimmerler N.	„ Speier;
Zingerle Josef	„ Trient.

Schluß.

Am Schlusse des Buches kehren wir zu dem Anfangs ausgesprochenen Gedanken zurück, nämlich zu der hohen Wichtigkeit eines innigen Verhältnisses zwischen Rom und dem deutschen Vaterlande.

Rom ist nun einmal der Mittelpunkt der katholischen Kirche und der sichtbare Sitz der Einheit derselben, weil der Apostelfürst Petrus, dem die Schlüsselgewalt anvertraut worden, sie vor anderen Städten erwählte, die lebendige Zeugin seines Martyriums für den christlichen Glauben zu sein. Wie in jedem Kreise ein Mittelpunkt sich findet, so auch in dem alle Völker der Erde umfassenden Kreise der katholischen Kirche, und dieser Mittelpunkt ist Rom. Römisch ist soviel wie katholisch. Dort schwindet die Persönlichkeit mit all ihren Schwächen und Kleinlichkeiten, selbst die Antipathien Einzelner in der Nationalität, Politik und Wissenschaft treten dort in den Hintergrund; denn im Anblick der großartigen Erinnerungen der ewigen Weltstadt erweitert sich der Geistesblick, und mit erhöhtem Gefühle erkennt man sich von dem geheimnißvollen Nimbus einer überwältigenden Universalität umschlossen.

Gerade darin liegt die beruhigende Macht, welche Rom auf alle Völker der Erde ausübt, also auch auf die Deutschen, die von jeher zu Rom heimisch waren. Ueberhaupt scheinen sich die Antipathien Italiens gegen Deutschland in neuester Zeit in Sympathien umzuwandeln. Nur zu oft und zu lange sind beide Nationen einander ungerecht gewesen. Während die Deutschen im Bewußtsein ihrer Wissenschaftlichkeit auf Rom mit einigem Hochmuth herabsahen und es der trägen Stabilität beschuldigten, pflegten die Römer nicht selten die Deutschen geradezu als halbe Ketzer zu betrachten. Duobus litigantibus tertius gaudet — hat Deutschland und Rom erfahren. Beide gleich edle Nationen ergänzen gewissermaßen einander, indem die eine Nation dessen mehr besitzt, was der anderen mangelt. Durch den lebhafteren Verkehr mit Rom, den jetzt die Eisenbahnen und der zunehmende kirchliche Sinn vermitteln, ist die Gelegenheit hinreichend geboten, allerlei Vorurtheile abzulegen, so manches Gute von einander zu lernen und sich besser zu verständigen. „Rom muß sich an Deutschland auffrischen", pflegte der selige Flir öfter zu sagen, und er hatte Recht in einem gewissen Sinne. Man kann aber ebenso richtig und noch viel richtiger sagen: „Deutschland muß sich an Rom auffrischen." Der deutsche Pedantismus und Bureaukratismus hat sich selbst in die bischöflichen Gemächer und Sacristeien einzuschleichen gewußt, und der Buchstabe entscheidet dort, wo der Geist regieren sollte. Wie wohlthuend und erfrischend ist da ein tieferer Blick in die römischen Verhältnisse, eine Pilgerfahrt nach der h. Siebenhügelstadt! Da findet man noch Freiheit des kirchlichen Lebens, da ist die ungeschwächte, ungebrochene Kraft des alten Glaubens, da ist wohl vielleicht nicht überall die deutsche Ordnung und Gelehrsamkeit, aber desto mehr Heiligkeit und praktisch religiöse Thätigkeit.

In der Gegenwart, wo Italien auch insoferne Deutschland ebenbürtig wird, daß es den bei uns bereits überstandenen Kampf der kirchlichen Reformation durchmachen muß, ist das feste Zusammenhalten des katholischen Deutschlands mit Rom um so wichtiger. Durch den gegenseitigen öfteren Contact der Geister werden sich beide Nationen in ihren Eigenthümlichkeiten besser kennen und würdigen lernen, fern von einseitiger Ueberschätzung und Geringschätzung. Das gemeinsame Band, das sie vereinigt, ist ja der gleiche Glaube und die gleiche Anhänglichkeit an das heilige Oberhaupt der gesammten Christenheit. Zwar pflegt man die Deutschen, welche an Rom hängen, Ultramontane zu schelten; allein wie lächerlich dieser Vorwurf ist, beweisen am besten die freien Nordamericaner, welche sogar den weiten Ocean durchsegeln, um ihrer Anhänglichkeit an Rom zu genügen.

Das deutsche Nationalhospiz der Anima zu Rom hat die Aufgabe, diese geistige Verbindung Deutschlands mit Rom zu vermitteln und erleichtern zu helfen. Die Anima soll die Heimat der Deutschen in Rom sein, wie einstens Rector Flir im Kreise deutscher Männer aus den verschiedensten Ländern ausrief: „Hier ist Deutschland." Bischöfe, Priester und Laien, die über die Alpen gekommen, sollen sich dort heimisch fühlen, und von Rom zurückgekehrt ihre Brüder in der Anhänglichkeit an den h. Vater befestigen. Und welch' großen Werth hat erst das neugegründete Priesterconvict, in welchem ein Theil des jungen Clerus Deutschlands seine Studien vollenden soll! Wenn diese Anstalt im rechten Geiste beschickt und geleitet wird, so werden die Deutschen in Rom bald in einem besseren Renommée stehen, und die heilsame Rückwirkung wird nicht blos Deutschland allein verspüren. Sehet einmal die Franzosen, welche bei S. Luigi ein ähnliches Collegium besitzen, wie die Deutschen all'Anima. Ihr Priesterconvict ist immer stark besetzt, und der lebendige Verkehr der beiden Nationen nähert sie im gegenseitigen Verständniß. Frankreich ist eine Großmacht, die durch die Benützung des Einflusses in Rom ihre politischen Interessen gar wohl zu verwerthen weiß. Würden es die Deutschen in ähnlicher Weise verstehen, so würde ihr öffentliches Ansehen nur gewinnen, keineswegs verlieren. Die Völker ehren instinctmäßig jene Fürsten, welche die Religion ehren, und ein Volk ist im Sinken, das den großen Traditionen seiner Vergangenheit untreu wird. Carl der Große, der Sieger in unzähligen Schlachten, verschmähte es nicht als gläubiger Sohn der Kirche vor dem Vater aller Gläubigen zu Rom knieend sein Haupt zu beugen — und doch war er der größte Kaiser, durch den Deutschland größer als je geworden! „Wohin sind die Zeiten", ruft Flir aus, „wo der deutsche Kaiser, der alleinige in Europa, in Rom seine Befehle ertheilte? Jetzt sind die Napoleons an seine Stelle getreten."

Möge der deutsche Zwiespalt nie in die Mauern des deutschen Nationalhospizes der Anima eindringen, sondern dasselbe gedeihen zur Zierde Roms, zur Ehre Deutschlands und zum Segen der katholischen Kirche.

Inhalt.

	Seite
Vorrede	III

Erster Abschnitt.
Gründung der Anima.

Deutschland und Rom	1
Die Romfahrten der Deutschen	3
Bedürfniß eines deutschen Hospizes in Rom	4
Die ersten Stifter des deutschen Hospizes in Rom	7
Kirchliche Genehmigung des Hospizes	9
Name und Wappen des Hospizes	10
Päpstliche Begünstigung des Hospizes	12
Bildung der deutschen Confraternität	14
Die vorzüglichsten Wohlthäter des Hospizes in der ersten Hälfte seines Bestehens	17
Neubau des Hospizes, dessen Organisirung und Vermögensstand	20
Die Kirche des Hospizes	22
Grabmonumente in der Kirche des Hospizes	25
Der h. Stuhl als ausschließlicher Protector	28
Das Verhältniß des deutschen Kaisers zum Hospize	30

Zweiter Abschnitt.
Verfall der Anima.

Rückwirkung des kirchlich-politischen Verfalles Deutschlands auf das Hospiz	34

	Seite
Abnahme der Confraternität und Zunahme des Einflusses der Congregation	36
Abweichung von den statutenmäßigen Nationalitätsrechten	38
Der Febronianismus	41
Gänzliche Verweltlichung des Protectorates	43
Rettung der Anima durch Oesterreich	46
Zustand des Hospizes in der ersten Hälfte dieses Jahrhunderts	48
Klagen über das Hospiz	53
Das aufgefundene Confraternitätsbuch der Anima	59

Dritter Abschnitt.
Reorganisation der Anima.

Nothwendigkeit derselben	67
Das Entgegenkommen Oesterreichs	—
Verhandlungen der S. Visita	71
Ergebnisse der S. Visita	77
Apostolisches Breve über die neue Organisirung und Verwaltung des deutschen Nationalhospizes	80
Alois Flir	87
Zustand des Hospizes nach dem Tode Flir's	95
Das Hospiz der Anima im österreichischen Reichsrath	98
Gegenwärtiger Zustand des Hospizes	110
Das deutsche Priesterconvict zu Rom	115
Schluß	119

Druckfehler:

S. 9 Z. 18 lies: Jahr.
„ 55 „ 25 „ erbärmlichste.

Druck von Adolf Holzhausen in Wien
k. k. Universitäts-Buchdruckerei.